L'HÉRITAGE SPIRITUEL AMÉRINDIEN

Infographie : Chantal Landry

Catalogage avant publication de Bibliothèque et
Archives nationales du Québec et Bibliothèque et
Archives Canada

Languirand, Jacques
    L'héritage spirituel amérindien : le Grand Mystère

Comprend des réf. bibliogr. et un index.

ISBN 978-2-89044-781-3

1. Panthéisme. 2. Spiritualité. 3. Indiens d'Amérique -
Québec (Province) - Religion. 4. Autochtones - Québec
(Province) - Religion. I. Proulx, Jean. II. Titre.

E78.Q3L36 2009   299.7'914   C2009-941917-3

Pour en savoir davantage sur nos publications,
visitez notre site : **www.edjour.com**
Autres sites à visiter : www.edhomme.com
www.edtypo.com • www.edvlb.com
www.edhexagone.com • www.edutilis.com

10-09

Dépôt légal : 2009
Bibliothèque et Archives nationales du Québec

ISBN 978-2-89044-781-3

DISTRIBUTEURS EXCLUSIFS :

• Pour le Canada et les États-Unis :
  MESSAGERIES ADP*
  2315, rue de la Province
  Longueuil, Québec J4G 1G4
  Tél. : 450 640-1237
  Télécopieur : 450 674-6237
  * filiale du Groupe Sogides inc.,
      filiale du Groupe Livre Quebecor Media inc.

• Pour la France et les autres pays :
  INTERFORUM editis
  Immeuble Paryseine, 3, Allée de la Seine
  94854 Ivry CEDEX
  Tél. : 33 (0) 4 49 59 11 56/91
  Télécopieur : 33 (0) 1 49 59 11 33
  Service commandes France Métropolitaine
  Tél. : 33 (0) 2 38 32 71 00
  Télécopieur : 33 (0) 2 38 32 71 28
  Internet : www.interforum.fr
  Service commandes Export – DOM-TOM
  Télécopieur : 33 (0) 2 38 32 78 86
  Internet : www.interforum.fr
  Courriel : cdes-export@interforum.fr

• Pour la Suisse :
  INTERFORUM editis SUISSE
  Case postale 69 – CH 1701 Fribourg – Suisse
  Tél. : 41 (0) 26 460 80 60
  Télécopieur : 41 (0) 26 460 80 68
  Internet : www.interforumsuisse.ch
  Courriel : office@interforumsuisse.ch
  Distributeur : OLF S.A.
  ZI. 3, Corminboeuf
  Case postale 1061 – CH 1701 Fribourg – Suisse
  Commandes : Tél. : 41 (0) 26 467 53 33
              Télécopieur : 41 (0) 26 467 54 66
              Internet : www.olf.ch
              Courriel : information@olf.ch

• Pour la Belgique et le Luxembourg :
  INTERFORUM BENELUX S.A.
  Fond Jean-Pâques, 6
  B-1348 Louvain-La-Neuve
  Tél. : 32 (0) 10 42 03 20
  Télécopieur : 32 (0) 10 41 20 24
  Internet : www.interforum.be
  Courriel : info@interforum.be

Gouvernement du Québec – Programme de crédit
d'impôt pour l'édition de livres – Gestion SODEC –
www.sodec.gouv.qc.ca

L'Éditeur bénéficie du soutien de la Société de développement des entreprises culturelles du Québec
pour son programme d'édition.

Le Conseil des Arts du Canada
The Canada Council for the Arts

Nous remercions le Conseil des Arts du Canada de
l'aide accordée à notre programme de publication.

Nous reconnaissons l'aide financière du gouvernement du Canada par l'entremise du Programme
d'aide au développement de l'industrie de l'édition
(PADIÉ) pour nos activités d'édition.

JACQUES LANGUIRAND
JEAN PROULX

L'HÉRITAGE SPIRITUEL AMÉRINDIEN

LE GRAND MYSTÈRE

Le jour

Une compagnie de Quebecor Media

*« À toutes mes relations »**

Prologue

C e livre porte sur l'héritage spirituel amérindien. Il se situe dans la foulée de notre livre précédent, *Le Dieu cosmique, À la recherche du Dieu d'Einstein*, publié aux Éditions du Jour, qui était un prolongement de la série radiophonique présentée à la première chaîne de Radio-Canada et intitulée *À la recherche du Dieu d'Einstein*. Nous cherchions alors à préciser en quoi consistait le sentiment religieux cosmique dont parlait Einstein et quel était ce Dieu auquel il disait croire. Mais Einstein devenait aussi un symbole de tous ces scientifiques et philosophes modernes – et parmi les plus grands – en quête d'une religiosité et d'un Dieu qui conviennent à leur démarche rationnelle.

Notre recherche nous a montré que plusieurs de ces penseurs modernes, depuis le XVIe siècle jusqu'à aujourd'hui, se sont donné la représentation d'un Dieu profondément immanent à l'univers, garant de son ordre rationnel. Ce Dieu cosmique se révèle effectivement dans la nature et dans tout l'univers, fruits de son acte créateur incessant. Le Grand Livre dans lequel on peut lire ce Dieu est donc le cosmos lui-même. Par le fait même, l'un des traits essentiels de la religiosité que prônent ces penseurs consiste justement en ce « sentiment religieux cosmique » dont parlait Einstein.

Un voyant lumineux

Au cours de notre recherche, quelque chose comme un voyant lumineux avait attiré notre attention : ce voyant mettait justement en lumière une religiosité naturelle et la représentation d'un Dieu cosmique, toutes deux plus instinctives et plus intuitives, qu'on a souvent balayées sous le tapis avec un certain mépris en les qualifiant d'« animisme primitif ». Il nous a semblé, au contraire, que cette représentation du Divin et cette forme de religiosité, qui remontent aussi loin dans le temps qu'elles s'enracinent profondément dans la psyché humaine, méritaient vraiment aujourd'hui notre attention. Et nous avions la chance d'avoir, tout près de nous en Amérique du Nord, et au Québec même, des sociétés porteuses de cet héritage spirituel plusieurs fois millénaire : les nations autochtones.

Voilà pourquoi, tout au cours de l'automne 2008 et jusqu'au printemps 2009, à la quatrième heure de l'émission *Par quatre chemins*, Jacques Languirand a présenté l'un ou l'autre aspect de l'héritage spirituel amérindien. C'est dans la foulée de ces émissions que nous avons fait le projet de vous présenter dans un livre *notre regard* sur cette voie spirituelle et notre compréhension du sens qu'elle peut avoir, en cette période de quête spirituelle renouvelée, pour nous tous qui formons, comme le rappellent souvent les leaders spirituels amérindiens, l'unique famille humaine.

Le chemin des larmes

L'attitude de mépris à l'égard de cette riche tradition spirituelle, attitude dont ont témoigné les premiers Européens venus émigrer en Amérique du Nord et qui a persisté jusqu'à tout dernièrement, a contribué à amener les peuples amérindiens eux-mêmes à délaisser une part importante de leurs croyances et de leurs pratiques les plus significatives. On n'a qu'à se rappeler, par exemple, les nombreux déracinements, les traités non respectés, les mesures de dépossession pure et simple de leur langue et de leur héritage spirituel, les entreprises intriquées de « civilisation et d'évangélisation » forcées ou les pensionnats servant coûte que coûte à la déculturation des jeunes Amérindiens. Les Amérindiens d'Amérique du Nord, pour ce qui nous concerne plus directement ici, ont connu ce que certains de leurs peuples ont justement appelé *le chemin des larmes*.

Nous, qui les avons aidés à s'éloigner de leur voie originelle et à perdre leur héritage culturel et spirituel, pouvons aujourd'hui comprendre la honte que certains d'entre eux ont pu éprouver à l'égard leur « indianité » et leur hésitation à retourner à leurs propres sources. On ne peut occulter les blessures de l'Histoire qui restent profondes, mais le chemin des larmes devrait aujourd'hui avoir fait son temps et donner sa chance à une affirmation nouvelle, tout comme la souffrance et la mort peuvent faire place à la joie et à la renaissance.

L'heure de la réhabilitation

L'heure de la réhabilitation de l'héritage spirituel amérindien semble venue. Le temps paraît propice pour une redécouverte et une réaffirmation de cette voie ancestrale qu'on pourrait appeler, pour emprunter l'expression de certains guides spirituels amérindiens, *la route rouge*. En effet, les Amérindiens eux-mêmes jettent un regard nouveau sur leur propre héritage spirituel et plusieurs de ceux et celles qu'ils reconnaissent comme des sages s'emploient à les ramener sur cette voie originelle, constamment transmise, réinterprétée et enrichie par les Anciens depuis maintenant plusieurs millénaires. Il leur semble bien que voici désormais venu le temps d'un retour à la racine et le moment propice à une renaissance. Et, pourquoi pas, l'amorce d'une profonde guérison collective.

Pour nous aussi, qui ne sommes pas Amérindiens, le temps semble approprié pour reconnaître l'essentiel de leur voie spirituelle traditionnelle. Nous rejoignons peut-être ici, d'ailleurs, les prophéties amérindiennes affirmant qu'après quelques générations la voix des Ancêtres serait entendue, qu'un nouveau feu sacré serait allumé, qu'un nouveau soleil de la conscience adviendrait et que cet héritage spirituel retrouverait la place qu'il mérite, non seulement auprès des peuples amérindiens, mais dans le concert des grandes spiritualités du monde.

Une ère nouvelle s'est ouverte au cœur de la société sécularisée, faisant place de plus en plus à un réenchantement du cosmos – la science holistique nouvelle y contribue, au premier chef – et à une quête spirituelle personnelle authentique. Dans ce contexte, il est plus que souhaitable que les Amérindiens fassent connaître au monde entier leur Dieu cosmique et leur sens religieux du Grand Mystère et de la présence du Divin dans la nature. Le monde actuel a besoin d'une telle nourriture et d'un tel patrimoine spirituel, comme étrangement

mis en réserve, semble-t-il, pour l'humanité tout entière. Ce feu spirituel rallumé représente une vision d'espoir pour les Amérindiens, et
aussi pour toute la famille humaine, voire pour Terre-Mère elle-même
qui a, en ce moment, besoin d'une telle «médecine».

Le sens de notre contribution

Notre exploration et notre relecture de cet héritage spirituel traditionnel ne visent en rien à amener chacun de nous à jouer à l'Amérindien,
à afficher un faux romantisme, à retourner dans le passé ou à pratiquer
un folklore sans signification profonde. Nous croyons simplement que
nos propres démarches spirituelles peuvent s'enrichir d'un tel apport.
Et nous pensons aussi que cette voie spirituelle autochtone ancestrale,
réinterprétée pour aujourd'hui, vaut non seulement pour la guérison
et la renaissance intérieures des Amérindiens, mais également pour
la manifestation du potentiel spirituel et l'affirmation du meilleur de
soi, en tout être humain.

Nous voulons, pour notre part, contribuer avec nos modestes
moyens à faire entendre cette voix venue du fond des siècles, et surtout
tenter de rendre justice à la vérité que porte ce chemin spirituel, qui
mérite d'être offert à tout être humain en quête du sens de sa vie et
de sa raison d'être sur cette terre. Nous nous sommes donc attachés,
nous qui ne sommes point autochtones, à cerner le mieux que nous
pouvions ce qu'on peut appeler le cœur de cette spiritualité et à mettre
en valeur ses aspects qui nous semblaient les plus durables, les plus
uniques et les plus significatifs pour tous, en ce début de XXIe siècle.
Ajoutons que recueillir aujourd'hui l'essence de cet héritage nous apparaît comme une tâche importante pour tous ceux et celles qui sont
préoccupés de sauvegarder la richesse du patrimoine spirituel de l'humanité et aussi pour tous ceux et celles qui croient à la valeur indéniable d'un véritable dialogue œcuménique, voire d'un certain métissage spirituel.

Les quatre dimensions de la spiritualité

Toute voie spirituelle, pensons-nous, comporte normalement les quatre dimensions suivantes (les Amérindiens pourraient bien être
d'accord, eux pour qui le nombre *quatre* est un nombre sacré): une

vision ou une représentation du Divin ; une forme de religiosité ou de voie spirituelle ; une éthique conséquente inspirant la vie quotidienne ; une espérance de salut individuel et collectif. Ce seront donc les quatre parties de ce livre.

❖ Nos premières approches de l'héritage spirituel amérindien nous font entrevoir la représentation d'un Dieu qu'on nomme « le Grand Esprit » et bien souvent aussi « le Grand Mystère », à la fois source créatrice de l'univers et présence immanente au cœur même de la nature ; un Dieu invisible qui se rend visible et accessible par le Grand Livre de la nature et par ces esprits invisibles incarnés dans tous les êtres et en toutes les grandes manifestations naturelles ; un Dieu qui s'exprime aussi de façon unique par l'esprit de la Terre-Mère, véritable matrice divine. En somme, de prime abord, il nous semble qu'il y ait là la représentation d'un véritable « Dieu cosmique », qui nous semble d'ailleurs avoir quelque résonance, comme nous le signalerons, avec d'autres représentations plutôt immanentistes du Divin. Cette façon de percevoir et de se représenter le Divin fait l'objet de la première partie.

❖ Le sentiment religieux qu'on peut d'ores et déjà déceler dans cet héritage spirituel amérindien s'exprime, lui aussi, par une sorte de mysticisme de la nature et à travers une indéniable communion avec la grande énergie cosmique. Cette religiosité se traduit par un sens des espaces et des temps sacrés, par des rituels de purification et de renaissance et par des symboles, tels le cercle, le calumet ou l'arbre de vie. Cette voie spirituelle, dont les gardiens sont des anciens, des sages et des « hommes-médecine », nous apparaît donc proche d'un authentique sentiment religieux cosmique, plein de révérence envers la nature, et il témoigne d'une alliance profonde de l'être humain avec toute la création. C'est là l'objet de la deuxième partie.

❖ Et l'éthique qui s'y rattache semble elle-même profondément ancrée dans la vision religieuse du monde, profondément écologique aussi, car fondée sur le sentiment de l'appartenance à la Terre-Mère. Elle est en outre respectueuse des enseignements transmis par des sages et des Anciens et ouverte sur la solidarité universelle entre les hommes et avec l'ensemble des êtres qui peuplent la planète. Ici, la perspective holistique et globale de l'union de l'homme et de la nature apparaît à la racine même des valeurs que l'on rencontre sur cette *route rouge* empruntée au cœur de la vie quotidienne, que certains présentent d'ailleurs comme « le sentier de la beauté ». Tel est l'objet de la troisième partie.

❖ Enfin, l'espérance présente au cœur de cet héritage nous paraît être à la fois individuelle et universelle : il y a là, tout d'abord, les assises d'un espoir de survie individuelle, le corps redonnant ses cendres à la Terre-Mère et l'âme retournant dans le monde invisible auprès du Grand Esprit, là où la communion avec les âmes des ancêtres est possible. Il y a là, de plus, les assises pour l'édification sur cette terre d'une civilisation spirituelle universelle où chaque être humain, « qu'il soit blanc, noir, jaune ou rouge » comme le proclament certains textes de sages amérindiens, pourra trouver à s'épanouir. C'est l'objet de la quatrième partie.

Une invitation au voyage en territoire spirituel amérindien

Dans notre livre sur le Dieu d'Einstein, des scientifiques et des philosophes modernes, nous rappelions qu'aucune représentation du Divin ne pouvait en épuiser toute la richesse ni qu'aucune forme de religiosité ne pouvait nommer à elle seule toute la vérité de l'élan religieux. Nous disions qu'il fallait aujourd'hui écouter ces penseurs pour leur apport unique à la démarche spirituelle et à la représentation du Divin.

Nous voulons rappeler maintenant, par ce livre, qu'une voie spirituelle amérindienne traditionnelle existe et qu'il est important de l'écouter. Elle aussi nous parle d'un certain Dieu cosmique et d'une certaine religiosité naturelle, mais utilisant pour sa part la prière, le symbole, le rituel et l'appartenance à la communauté autant qu'à la terre. Elle non plus ne dit pas toute la richesse du Divin ou du religieux. Mais on peut déjà deviner qu'elle porte une indéniable vérité pour le temps présent.

Nous invitons donc le lecteur à recevoir ce livre comme « une invitation au voyage » avec nous, en territoire spirituel amérindien. Nous vous l'offrons comme un pèlerinage, qui nous transformera sans doute les uns les autres.

Il s'agit aussi ici du *regard respectueux de deux Blancs*, tentant de comprendre un riche héritage spirituel qui, à leur avis, peut certainement nourrir la démarche spirituelle de toute personne, quelle que soit la couleur de sa peau ou son lieu de naissance. Notre conviction est que cette voie spirituelle si proche de la nature, avec le Dieu cosmique qui en est le centre vital, doit faire partie du véritable dialogue œcuménique nécessaire en ce XXIᵉ siècle. Elle peut en outre soutenir la grande réconciliation souhaitée entre les hommes et contribuer à une civilisation spirituelle nouvelle, en laquelle tous les peuples de la terre formeraient une sorte de Cercle sacré, dans la paix et l'harmonie.

PREMIÈRE PARTIE

Le Divin

Chapitre 1

Le Grand Esprit

L'expérience immédiate du Divin et la vision qui en découle peuvent être considérées comme le véritable centre vital ou la racine maîtresse de toute forme de religiosité. Voilà pourquoi nous nous demandons ici, de prime abord : Comment les Amérindiens d'Amérique du Nord, en leur ensemble, ont-ils perçu leur Dieu ? Quelle image originelle s'en sont-ils donnée et quelle représentation durable se sont-ils transmise de génération en génération, au fil des siècles ?

L'Être suprême

Tous les peuples autochtones ont parlé et parlent toujours encore aujourd'hui du Grand Esprit. Même si tout nom ne peut exactement le nommer, car en son fond il est indicible, on parle pourtant de lui comme du Père ou du Grand-père suprême et éternel, comme de celui qui est au commencement, plus vieux que tout ce qui existe, précédant toute image qu'on puisse s'en donner et pouvant entendre toute prière qu'on puisse lui adresser. Il est vraiment le Grand Être unique dont la majesté n'a point d'égale. Lui, le Tout-Autre, est si grand et si universel, qu'aucun peuple de la terre ne peut se proclamer son peuple choisi.

« L'Esprit Un nous rêve tous. »

DHYANI YWAHOO, *Sagesse amérindienne. Traditions et enseignements des Indiens Cherokee*

Le Grand Esprit est l'Être unique et universel qui toujours a été et qui toujours sera ; Celui qui, de là-haut, d'abord rêve et pense le monde et tous les êtres qui puissent, à un moment ou l'autre, l'habiter ; l'Un, d'où peut émaner la multiplicité des êtres ; l'Énergie infinie et invisible, qui peut se rendre visible à travers toute forme de ce monde. On peut donc évoquer la puissance supérieure et la force terrifiante de ce Grand Être, mais également la lumière de sa sagesse et la chaleur de sa bonté, qui attirent et fascinent. Si lointain qu'il soit, il demeure proche. Malgré son indéniable transcendance, on peut donc entrer en relation familière avec lui.

> « On trouve chez toutes les nations indiennes une nature enchantée par une multitude de forces spirituelles que chaque nation a apprivoisées à sa manière, reconnaissant cependant toujours la primauté du Grand Esprit à l'origine de toute chose. »

JEAN-MARIE PELT, *Nature et spiritualité*

> « L'Amérindien percevait l'Être suprême comme une Présence insaisissable et indéfinissable. En même temps, il savait que cet Être suprême constituait sa propre substance. Une femme spirituelle, contemporaine, nous livre à ce propos un témoignage qui fait écho au *Deus intimior intimo meo* de saint Augustin : le Grand Esprit était plus proche de mes ancêtres que leurs propres os ; et leur prière était aussi naturelle que leur respiration. »

ACHIEL PEELMAN, *Le Christ est amérindien*

Pour parler du Grand Esprit, on utilise le symbole archétypal du Soleil. Peut-il y avoir image plus belle et plus juste pour évoquer sa transcendance inséparable de son immanence ? Le soleil est précisément « cet être » très puissant, porteur, tout comme le Grand Esprit, d'une énergie créatrice, d'une lumière intense et d'une chaleur bienfaisante, qui dynamise, éclaire et réchauffe, comme à partir du dedans d'elle-même, toute vie sur cette terre. Mais l'Aigle aussi le symbolise, lui qu'on dit être un «esprit supérieur», construisant son aire sur la cime des montagnes, dont la vue est tellement perçante et dont le vol monte si haut dans le ciel. Que ses plumes revêtent un caractère sacré ne surprend donc nullement.

«L'aigle est le témoin envoyé par le Grand Esprit, les yeux de Dieu.»

HARVEY ARDEN, *Noble Red Man Mathew King,*
un sage Lakota

Le Créateur

Le Grand Esprit est celui par qui la création est advenue. Tous les peuples amérindiens ont leurs récits de création; tous ont développé leur mythe cosmogonique, en lequel s'intègrent harmonieusement Dieu, le cosmos et l'homme. Tous ont aussi leurs rituels rappelant le geste archétypal du Créateur. Pour eux tous, le Grand Esprit est le puissant Créateur de tout ce monde, la Source créatrice à l'origine de l'univers. Il est le Père matriciel qui, dans sa bonté, a fait exister la création comme un bienfait et comme une bénédiction universelle, qui appellera d'ailleurs chez l'homme le remerciement et l'action de grâces.

Le Créateur a déployé la terre comme un grand manteau sur lequel sont apparus la pierre et tous les minéraux, la plante et tous les arbres, l'animal et tout ce qui rampe, nage, marche et vole, puis l'être humain sous ses différents visages blancs, noirs, jaunes et rouges. Rien n'est inutile en ce monde, tout a sa place en cette création, chaque être possède sa mission sacrée.

À Terre-Mère, le Créateur a donné le Soleil comme un frère aîné et la Lune comme une sœur. Il a créé l'obscurité de la nuit pour le repos et la lumière du jour pour le travail. Il a voulu que la vie et la mort soient inséparables et imbriquées l'une dans l'autre, selon un cycle infini. Puis, pour chaque entité de ce monde, il a créé «un esprit universel», une puissance invisible, comme une énergie spirituelle et une forme idéale, qui puisse s'incarner en cette entité particulière, la guider et l'inspirer dans l'accomplissement de sa mission. En ce sens, tous ces «esprits» sont les gardiens de l'intégrité du monde.

« La Terre dit : *Le Grand Esprit m'a placée ici pour produire tout ce qui pousse sur moi, arbres et fruits.* De même la Terre dit : *C'est de moi que l'homme a été fait.* Le Grand Esprit, en plaçant les hommes sur terre, a voulu qu'ils en prissent bien soin, et qu'ils ne se fissent point de tort l'un à l'autre. »

Pieds nus sur la terre sacrée
(TEXTES RASSEMBLÉS PAR T.C. MC LUHAN)

Le Créateur a également planté en ce monde, telles des semences essentielles, ses Lois sacrées : elles expriment son intention et son plan universel. Ce sont ce que les peuples amérindiens appellent les Instructions originelles du Créateur. Ce sont les Tables de pierre sacrées où est écrite la loi naturelle, l'ordre des choses, qui dirige la création et donne son sens à l'existence de tout être.

Ces Instructions originelles indiquent la voie droite à suivre et dictent à l'être humain ses devoirs spirituels ; celui-ci doit donc apprendre à les lire dans le Grand Livre de la nature tout autant qu'en sa Source la plus intérieure. Elles lui rappelleront toujours, entre autres choses, ce qu'il a largement oublié aujourd'hui : que toutes les créatures sont les enfants du même Grand Esprit ; que tout être mérite le respect ; et que tout est profondément lié en cette création. Voilà pourquoi l'on termine souvent ses propos dans une assemblée ou ses prières dans une cérémonie en disant humblement et solennellement à la fois : « À toutes mes relations ! »

« De la Non-Réalité – le Grand Esprit – vient le Grand Tout – Wakan Tanka – dont le nom signifie le Grand Mystère, le Grand Pouvoir. »

KENNETH MEADOWS, *La voie médecine, la voie chamanique de la maîtrise de soi*

Le Grand Mystère

Le Grand Esprit n'est autre que le Grand Mystère du monde. Au commencement de toutes choses, il est aussi leur principe tout au long de leur vie. Car le Créateur ne se dissocie jamais de sa création. Omniprésent, il est le seul vrai gouvernement qui dirige et oriente l'univers. Invisible, il est cependant la Source familière du monde visible et son Âme intérieure. Silencieux, il est pourtant la Force cosmique bienveillante qui prend soin de tout. Impénétrable et dissimulé de l'autre côté du miroir, il se manifeste et se livre par ailleurs dans tout l'univers. Il est vraiment l'Esprit éternel qui à la fois se cache et se dévoile dans les recoins du temps et de l'espace dont il est le maître. L'âme amérindienne ne peut être saisie, disent les leaders spirituels, hors de cette relation intime au Grand Mystère dans lequel baigne tout être.

> « Puissiez-vous contempler le Grand Mystère par les fenêtres qui sont ouvertes devant vous… Le principe créateur, le Grand Mystère, est en nous-mêmes. Ce mystère est un potentiel non manifesté, le Vide… Ce monde nous fournit l'occasion d'accomplir le Grand Mystère, Celui dont nous descendons tous… Il n'y a pas de mot pour dire *Dieu* ; nous l'appelons le Grand Mystère, à cause de son absence de forme… Nous vivons dans un Champ d'esprit. Les Tsalagi disent que c'est le Grand Mystère, ce qui n'est pas manifeste et qui devient, et contient en lui la semence de notre potentiel. »
>
> DHYANI YWAHOO, *Sagesse amérindienne. Traditions et enseignements des Indiens Cherokee*

Le Grand Mystère est ce qui fait du cosmos un seul Tout. Il est le lien de toutes choses, leur profonde unité. Rien ne s'appartient, rien n'appartient à quiconque, tout appartient au Tout qui est l'Un invisible, le Grand Mystère. Il contient en lui la semence de toute chose, le potentiel de toute chose et l'accomplissement de toute chose. Toutes les puissances de l'univers ne sont que des reflets de son unique pouvoir. C'est sa seule énergie spirituelle qui se traduit en la myriade des formes de la matière.

Le Grand Mystère est la respiration de tout ce qui respire sur la Terre-Mère. Il est dans « l'esprit » de la pierre, lui donnant sa puissance et son invulnérabilité au devenir. Il est dans celui de la plante, lui enseignant à sortir de terre, à croître et à fructifier. Il est aussi dans celui de l'oiseau, pour lui apprendre à faire son nid et à danser dans le vent. Il est, en outre, dans celui de l'être humain, pour lui indiquer le sentier de la beauté.

> « *Le Principe créateur, le Grand Mystère, est en nous-mêmes.* »
> DHYANI YWAHOO

La lumière éclatante du soleil et la flamme des feux sacrés, le parfum de la sauge et la majesté de l'arbre de vie, la médecine du chaman et la fumée du calumet : là est encore sa mystérieuse demeure.

« Au sommet de l'existence cosmique se tient le Créateur, le Grand Mystère, que nous appelons aussi le Grand Esprit… Il est l'Esprit universel. Il n'a pas de forme… Il est comme l'air que nous respirons, invisible. Jamais le Grand Mystère ne reste au repos. Il est sans cesse en mouvement, et il imprègne tout. Son pouvoir habite tout ce qui vit… Mon grand-père m'avait appris que le Créateur n'a ni début ni fin. Le Grand Mystère ne cesse jamais de créer. »

ARCHIE FIRE LAME DEER, *Le cercle sacré, Mémoires d'un homme-médecine sioux*

Chapitre 2

Terre-Mère

«Terre-Mère» est l'une des représentations fondamentales de la voie spirituelle amérindienne. Nous nous demandons ici ce que recouvre ce concept théologique. S'agit-il d'une nouvelle Divinité, au visage féminin et maternel? Et cela signifie-t-il que la terre soit envisagée elle-même comme un être vivant?

Le visage féminin du Grand Esprit

Le Grand Esprit parle par l'intermédiaire de Terre-Mère. Elle est en quelque sorte sa messagère auprès de tous les êtres qui habitent la planète, et particulièrement auprès des êtres humains. C'est la voix féminine du Grand Être. Lui-même est généralement représenté sous les traits d'un Père céleste, d'ailleurs symbolisé par le soleil. En somme, le soleil et la terre apparaissent, de façon inséparable et complémentaire, comme des manifestations et des symboles du Divin. À ce titre, ils méritent justement d'être respectés et honorés, mais non pas adorés comme de nouveaux dieux.

Terre-Mère et Père-Soleil (ou Père-Ciel) sont donc l'expression des principes masculin et féminin présents en la Divinité, comme d'ailleurs dans l'ensemble de la nature. Le soleil et le ciel dans lequel il trace son orbite sont ainsi vus comme les porteurs du principe divin actif, qui donne lumière et chaleur, pluie et vent, pour vivifier et féconder la terre. La terre, pour sa part, recèle le principe divin réceptif, avec son pouvoir intérieur de gestation et son travail latent, préparant le don de la vie.

> « Le Grand Mystère de l'Un n'entre pas directement en scène… Le Soleil et la Terre, représentant les principes mâle et femelle, sont les principaux éléments de sa création… La chaude flamme du Soleil est entrée dans le sein de notre mère la Terre, et elle a aussitôt conçu les règnes végétal et animal et leur a donné vie. »
>
> CHARLES EASTMAN, *L'âme indienne*

Soleil et Terre sont véritablement, dans la voie spirituelle amérindienne traditionnelle, des images archétypales complémentaires du Divin, qu'on retrouvait aussi, par exemple, chez les Égyptiens dans les représentations de Râ (principe masculin, le soleil) ou d'Osiris (le soleil qui réapparaît après la nuit et recommence son cycle) et Isis (la mère universelle) ; chez les Grecs dans celles de Zeus (principe masculin, la lumière céleste) et de Déméter (principe féminin, la terre productrice) ; et chez les Romains dans celles de Jupiter (principe masculin, le ciel et la lumière diurne) et de Cérès (principe féminin, la fertilité). Cela témoigne, s'il en est besoin, de l'enracinement profond et de la place importante que peut revendiquer la voie religieuse amérindienne à côté d'autres héritages religieux aujourd'hui davantage reconnus.

La Mère nourricière

Terre-Mère est remplie de la compassion divine : elle donne abondamment et gracieusement ses produits aux êtres qui vivent sur son sol et qui en ont besoin. Pour le repas, elle fait germer le maïs, les haricots, les courges, puis le blé ; pour le feu qui chauffera les mets, elle s'offre sous la forme du bois ; pour la pipe sacrée, elle fournit le tabac. Lorsqu'on plante des graines en son sol, elle se charge de les faire pousser. En son sein fertile se cachent les embryons qui deviendront les plantes nutritives et médicinales.

« Pour l'Amérindien, la première mère, c'est la Terre. Procréatrice de la vie, source de toutes les formes de vie, la Terre-Mère incarne la fertilité, la fécondité, effet d'une union avec le Ciel-Père. C'est elle qui provoque dans le ventre des femmes l'éclosion des fœtus. »

RODOLPHE GAGNON, *Lettres amérindiennes*

Terre-Mère est vraiment l'inépuisable matrice, l'origine et la source bienfaisante de toute la végétation qui deviendra, pour l'animal comme pour l'homme, tantôt nourriture, tantôt habitat, tantôt médecine. Mère nourricière : tel est son chant sacré, telle est sa vocation divine. Voilà pourquoi l'Amérindien compose des hymnes à sa gloire, hymnes en lesquels s'exprime également la gratitude humaine.

Qui plus est, nous sommes tous et toutes les enfants de Terre-Mère ; nous sommes tous nés en son sein ; nous sommes tous frères et sœurs. Elle est la Mère commune de tout ce qui vit ; elle est la Matière dont est fait tout être : *Mater/Materia*. Avec elle, nous sommes en relation de filiation. Tout ce qu'elle produit est animé, c'est-à-dire possède une « âme », y compris les minéraux. Elle est cependant la Femme-Mère changeante : en elle se relaient les jours et les nuits, les joies et les souffrances, les étés et les hivers. Il faut donc se rappeler que, dans le cycle infini et sacré de l'alternance de la vie et de la mort, elle donne à l'un de ses enfants la Vie, puis la reprend et la redonne à celui de la génération qui suit. C'est la loi de la nature, c'est sa loi originelle, qu'il importe à l'être humain de respecter, en s'appropriant la sagesse des Ancêtres.

« Toutes les choses vivantes participent comme les humains de la vie sur terre, elles sont vraiment parentes des hommes, nés de la même Terre-Mère, et conçues aussi dans le mental du Grand Esprit – le concept indien de la Source créatrice de tout ce qui est. »

KENNETH MEADOWS, *La voie médecine,*
La voie chamanique de la maîtrise de soi

« La Terre n'appartient pas à l'homme, c'est l'homme qui appartient à la Terre. La Terre est donc notre mère à tous. En tant que fils d'une même mère, ne sommes-nous pas tous frères et sœurs entre nous et quelle que soit notre race, notre couleur ou notre croyance ? »

ANCIEN TEXTE AMÉRINDIEN

Terre-Mère est femme. Elle rend témoignage à la sacralité féminine reconnue par l'héritage spirituel amérindien. Inversement, la femme amérindienne rend témoignage à la sacralité de Terre-Mère. Il y a entre la femme et la terre ou la nature une profonde alliance, une sorte de solidarité mystique. L'éclosion du fœtus dans le ventre de la femme est en résonance avec la venue au grand jour d'une semence enfouie dans le sol. Terre ou femme, chacune porte la vie, veille sur la vie et est responsable de son éveil et de son accomplissement. Chacune offre le cadeau le plus précieux : l'avenir de la vie, le renouveau dans le Cercle sacré de la mort et de la vie.

La Terre vivante

Terre-Mère est comme un immense organisme vivant. Et tous les êtres qui l'habitent, de la pierre la plus dure jusqu'à l'homme le plus spirituel, vivent en elle et par elle, telles ses parties intégrantes. Tous sont comme ses propres enfants, vivant profondément reliés les uns aux autres. Terre-Mère possède, pour ainsi dire, un corps et une âme. À travers ses méridiens circulent les courants de sa grande énergie vitale et sacrée. Qui lui prête une oreille attentive peut percevoir le pouls de son cœur, écouter le cycle de ses inspirations et de ses expirations, et surtout entendre la voix même de son âme : sa parole de mère éducatrice, son cri de souffrance et son chant d'artiste créateur de beauté.

> « Le Lakota était empli de compassion et d'amour pour la nature… Les vieillards étaient – littéralement – épris du sol et ne s'asseyaient ni ne se reposaient à même la terre sans le sentiment de s'approcher des forces maternelles. La terre était douce sous la peau et ils aimaient à ôter leurs mocassins et à marcher pieds nus sur la Terre sacrée. »

Pieds nus sur la Terre sacrée
(TEXTES RASSEMBLÉS PAR T.C. MCLUHAN)

Les anciens Grecs, par exemple, ont d'abord personnifié la Terre sous le nom de Gaïa. Elle aussi enfantait. Et de grands savants actuels en parlent comme d'un Organisme vivant autorégulateur ou comme d'un Champ unique, source à la fois d'organisation et d'énergie. Les Amérindiens, eux, l'ont appelé Terre-Mère, la Terre vivante et évoquent son «esprit», expression du Grand Mystère du monde.

> «L'affirmation de ce que notre planète est un organisme vivant, Gaïa, la Terre-Mère, fait vibrer une corde sensible chez des millions de personnes; elle relie et rejoint à la fois notre expérience intuitive et personnelle de la nature et la conception traditionnelle de la nature comme être vivant... La Nature est à nouveau perçue comme auto-organisatrice... Toute la Nature est évolutionniste. Le cosmos est semblable à un grand organisme en développement et la créativité évolutive est inhérente à la Nature.»
>
> RUPERT SHELDRAKE, *L'Âme de la nature*

L'énergie de Terre-Mère circule en chacun des êtres vivants. Le cœur de chacun fait un avec le cœur universel de la Terre. Les pluies et les vents, les eaux et les forêts, tout comme la transparence du cristal et le chant de l'oiseau, sont en chacun de nous. Entre toutes ces choses, qui sont autant de cadeaux de la Terre et qui se partagent son souffle généreux, il y a une profonde résonance. Chacune appartient à toutes les autres. Tout est lié, tout est connecté. Et nul n'est alors vraiment propriétaire, car tout appartient au Créateur. Chacun n'est en somme qu'un intendant responsable de ce que Terre-Mère, au nom du Grand Esprit, lui a prêté. «À toutes nos relations, le plus grand respect», proclame toujours le sage amérindien!

> *«Toute chose vivante vient d'une Mère, et c'est notre Mère la Terre.»*
> RUSSEL MEANS

Chapitre 3

Le monde des Esprits

Les Amérindiens attribuent un « esprit » aux êtres qui peuplent l'univers, de la pierre et des astres jusqu'à l'animal et à l'être humain, de même qu'aux phénomènes naturels importants. Beaucoup voient là ce qu'on appelle de « l'animisme ». Mais en quoi consiste véritablement ce monde des esprits ou ce monde invisible pourtant à l'œuvre dans le monde visible, dont l'ensemble des peuples autochtones ont eu l'intuition ?

Représentants du Grand Mystère

Derrière le cristal, la sauge et l'aigle, il y a un esprit. Et c'est le Grand Mystère ou Grand Esprit qui, à travers cet esprit, s'exprime dans ce monde visible. Ainsi, c'est tout l'environnement qui est empreint de spiritualité et de sacralité. Car chaque esprit est une manifestation de l'Esprit mystérieux, à l'origine et au fondement de ce monde. Les esprits de toutes choses témoignent, par leur multiplicité et leur variété, de la grandeur et de l'ampleur de l'acte créateur divin. Manifestations et incarnations du Grand Esprit, ils collaborent à son incessant travail créateur, protecteur et orienteur au sein du monde visible, notamment auprès de l'ensemble des êtres humains.

« Le peau-rouge préfère croire que tout l'univers créé partage l'immortelle perfection de son Créateur... Il assigne à chaque arbre, à chaque montagne et à chaque source son esprit. »

CHARLES EASTMAN, *L'âme indienne*

Pourtant, cette grandeur divine se manifeste encore plus dans le fait que tous les esprits ne forment qu'un, étant tous inclus dans l'unique Esprit universel. Ainsi, par exemple, chacun des esprits des quatre quartiers de l'univers – l'Est, le Sud, l'Ouest et le Nord – révèle une vérité sacrée qui lui est propre, mais tous les quatre ne forment finalement qu'un seul dans le Grand Esprit.

Certes, l'être humain doit apprendre à percevoir les formes variées de toutes choses en leur esprit propre, en leur essence spirituelle et en leur caractère sacré particulier. Mais il lui faut également saisir, en même temps, que ces esprits ne sont que la voix unique du Grand Mystère cosmique. Ils sont, de fait, le monde invisible et spirituel reconnu comme étant omniprésent en ce monde visible et matériel.

Formes idéales

Les esprits sont les formes idéales des choses, c'est-à-dire des choses telles qu'elles devraient être, dans leur forme cristalline et translucide. Lorsqu'on évoque les esprits des vents, des eaux et des montagnes, tout comme ceux des pierres, des plantes et des animaux, c'est pour dire leur dimension spirituelle et la profondeur sacrée de leur être. Ce monde invisible, en deçà du monde visible, représente la réalité en sa pureté essentielle. Un peu comme l'enseignait le philosophe Platon, il y a plus de 2500 ans, cet autre monde immatériel constitue la véritable réalité, alors que le monde matériel n'est que sa pâle incarnation.

« Mon père m'a dit que Cheval-Fou avait rêvé et était allé dans le monde où il n'y a que les esprits de toutes choses. Cela, c'est le monde réel, et il se trouve en deçà de celui-ci, et tout ce que nous voyons ici est quelque chose comme l'ombre de ce monde-là. »

JOHN G. NEIHARDT, *Élan Noir parle.*
La vie d'un saint homme des Sioux oglalas

Les formes visibles, lorsqu'on sait les contempler avec l'œil de l'âme, affirme la spiritualité amérindienne traditionnelle, nous conduisent vers leur esprit ou leur essence invisible, émanation et participation du Grand Mystère. En tout être, elles sont le miroir de la dimension lumineuse et éternelle, le reflet d'un monde idéal et parfait.

> « Les pierres, les plantes ou les animaux... sont un reflet dans le monde physique d'un principe premier qui réside dans l'autre monde ou monde spirituel. L'apparence extérieure des choses, telle que nous la voyons, n'est qu'un reflet de la vérité intégrale, ou archétypale de cette chose... L'autochtone parlera de l'esprit de l'arbre, de l'esprit de l'eau, de l'esprit du vent... »

> LUC BOURGAULT, *L'héritage sacré des peuples amérindiens*

Le monde des esprits est le monde d'en haut manifesté dans le monde d'en bas. Les esprits sont les archétypes de tout ce qui existe, c'est-à-dire les modèles originaux, les formes lumineuses et, pour tout dire, les pensées du Grand Mystère. Ils sont les semences divines qui s'incarnent dans la multiplicité et la variété des formes sensibles : ce sont, par exemple, les esprits des eaux, des forêts et des montagnes, comme autant de matrices premières et originelles ayant émergé du Grand Mystère. Et les formes sensibles ne sont, en fait, que des images imparfaites de leur « frère aîné » ou de leur prototype spirituel.

> *« Toutes les choses vivantes sont des êtres spirituels. »*
> CONFÉDÉRATION IROQUOISE DES SIX NATIONS

> « Dans notre façon de concevoir l'univers, il est un endroit, que nous appelons le monde de la forme idéale ou *Ungawi*, où se trouve tout ce qui existe, tout ce que nous connaissons, dans une forme lumineuse parfaite. Le monde physique est le reflet de ce lieu, un peu comme une image dans un miroir. »

> AIGLE BLEU, *Le sentier de la beauté*

Les esprits-archétypes façonnent la pierre, la plante ou l'animal, puis la terre, le ciel et les quatre directions de l'espace, et ils les organisent chacun conformément à sa vocation et au sens de sa présence ou de sa raison d'être en ce monde. Ainsi, par exemple, l'esprit de l'ours serait sans doute habité par la force ; celui de la tortue, par la prudence ; et celui de l'aigle, par la hauteur de son vol allié au caractère perçant de son regard. Et l'esprit de la terre est avant tout celui de la bienveillance maternelle, tout comme celui du ciel réside d'abord dans la fécondation paternelle. Chaque être et chaque réalité incarnent ainsi dans la matière, tant bien que mal, leur dimension spirituelle originelle ; ils ressembleraient un peu à des lumières visibles qui ne seraient, en somme, que des manifestations imparfaites d'une lumière primitive, cristalline et sacrée.

> « Les êtres sacrés, faces différentes du Créateur – tels le Soleil, la Terre, la Lune ou le Vent des quatre directions – n'ont d'abord existé que comme esprits non incarnés. On pourrait dire qu'au début ils existaient à l'état de pensées de *Wakan Tanka* (le Grand Mystère). »
>
> ARCHIE FIRE LAME DEER, *Le cercle sacré, Mémoires d'un homme-médecine sioux*

Puissances spirituelles

Les esprits sont aussi vus comme des puissances spirituelles. Ils s'expriment sous forme d'énergie se traduisant en matière. Le simple brin d'herbe, par exemple, porte en lui-même cette énergie, cette force invisible, venue du monde des esprits et se manifestant à nous sous les formes et les espèces variées qu'elle revêt dans la matière. Ces énergies naturelles d'origine divine sont, par essence, créatrices et bienfaisantes, mais elles peuvent être perverties par l'être humain et devenir destructrices et malfaisantes. Le mauvais esprit est une puissance spirituelle dénaturée, engendrant le chaos, le mal et la souffrance en ce monde.

> « Nous pensons que toutes les choses vivantes sont des êtres spirituels. Les esprits peuvent s'exprimer sous forme d'énergie traduite en matière : la matière herbe. L'esprit de l'herbe est cette force invisible qui produit les espèces d'herbe, et elle se manifeste à nous sous la forme d'herbe réelle. »
>
> *Voix indiennes. Le message des Indiens d'Amérique au monde occidental*

Toutes les entités matérielles et vivantes de l'univers sont habitées par de telles puissances spirituelles. Chacune possède ainsi ses énergies distinctives, qui deviennent par le fait même sa vocation originale. Les espaces et les temps, de même que toutes les forces de la nature, ont aussi leur vibration unique, issue du monde des esprits ou de la dimension spirituelle de l'univers. Voilà pourquoi tout ce qui vit et tout ce qui entre dans le Cercle de la vie, y compris les pierres ou les eaux ou encore les vents, devient un chemin vers le Divin ; et voilà pourquoi on évoque souvent le caractère sacré des « habitants » du cosmos.

Guides et gardiens

Ces formes idéales, apparaissant comme autant de puissances spirituelles et de représentantes du Grand Mystère, sont les gardiennes des traits essentiels de toute entité de l'univers. Elles portent en elles les caractères spirituels propres à chaque espèce d'êtres. Leur mission, en tant que collaboratrices du Grand Esprit, est de veiller à protéger l'intégrité des êtres et à les aider à se situer harmonieusement, à partir de l'intérieur d'eux-mêmes, dans le grand cycle cosmique. En ce sens, ce sont vraiment des esprits qui s'incarnent pour être les gardiens de l'authenticité des êtres et des esprits protecteurs agissant en chacun, comme dans l'ensemble de son environnement, pour le conduire à son accomplissement.

> « Individus acceptant la présence d'une puissance mystique dans chaque composante de la nature, les Innus requéraient l'aide des forces invisibles non seulement pour faire bonne chasse, mais également pour entreprendre de bons voyages... De temps à autre, et aux endroits désignés depuis des générations, les gens s'arrêtaient tout au long de leur route afin de rendre hommage aux esprits et de les prier... »
>
> JEAN-LOUIS FONTAINE,
> *Croyances et rituels chez les Innus, 1603-1650*

Ces esprits apparaissent également comme des guides pour l'être humain sur les chemins incertains de la vie. Ils parlent du plus profond de la conscience ou de l'inconscient de chacun – par exemple, dans ses songes et ses rêves – tout autant qu'à partir de l'être même de chacune des entités de la nature. À qui sait les écouter attentivement, ils livrent les enseignements du Grand Esprit et rappellent les Instructions originelles et les lois de la nature. À qui apprend à se fondre dans l'esprit des pierres, des eaux, des plantes, des oiseaux ou des quatre directions, ils donnent les leçons qui l'aident à remplir sa mission unique sur cette terre.

> « L'univers est le lieu où habitent et se manifestent les puissances spirituelles qui gravitent autour de *Wakan Tanka* (le Grand Mystère) et qui entrent dans les cercles de la vie humaine... L'Amérindien se sent mystiquement lié aux *esprits* des animaux, des plantes, des arbres, des pierres, de l'eau et de tous les autres éléments naturels. »
>
> ACHIEL PEELMAN, *Le Christ est amérindien*

Il s'agit donc pour chacun de se mettre à la trace des chemins de beauté mystérieusement empruntés par ces puissances spirituelles, de syntoniser sa propre conscience à ce monde des esprits et d'entrer en résonance avec ce champ d'énergie spirituelle cosmique : toutes choses qui seront, nous semble-t-il, au cœur même de la démarche religieuse, de la voie éthique et de l'espérance amérindiennes.

Chapitre 4

Un Dieu cosmique

Comment caractériser cette perception et cette représentation amérindiennes de Dieu ? À quelle expérience fondamentale du Divin cet héritage spirituel se réfère-t-il ? Nous
affirmons ici qu'il s'agit d'« un Dieu cosmique », cependant
à certains égards assez différent du Dieu cosmique des savants et des philosophes de la modernité.

La dimension invisible du cosmos

La nature est un immense organisme vivant ouvert au Divin. Le
Grand Mystère apparaît ainsi comme l'Âme invisible de ce
monde visible. Chaque entité, fragment inséparable du reste du
grand organisme naturel qu'est l'univers, est une expression unique
du Grand Mystère, voire une bénédiction divine irremplaçable. Le
Divin, caché en elle, se révèle à tous ceux qui prennent le temps
d'ouvrir l'œil de leur cœur. En ce sens, la nature telle que la voit la
spiritualité amérindienne est enchantée, c'est-à-dire habitée par le
mystère divin.

Toute chose possède, en son fond, une dimension spirituelle et
invisible. Ainsi, la chute d'eau est le chant audible de l'inaudible chant

divin qui l'habite ; les grands feux célestes que sont les étoiles rendent témoignage à l'invisible lumière divine qui les imprègne ; le vol de l'aigle est le mouvement majestueux qui porte en lui-même l'immatérielle énergie divine. Tout ce qui vit sur terre est un envoyé et un messager du Grand Mystère, qui justement demeure profondément indicible.

> « Parfois, je vois au-delà de notre monde. Je vois une Réalité non ordinaire. La Réalité non ordinaire de Dieu… Le monde dans lequel nous vivons émane de ce monde comme la goutte de rosée apparaît au point du jour. Nous, êtres humains, venons de ce monde et nous y retournons tout comme la goutte de rosée. »

> <div align="right">Harvey Arden, <i>Noble Red Man Mathew King,</i>
<i>un sage Lakota</i></div>

> *« C'est dans l'universelle présence d'une Puissance infinie que l'Indien puise le respect de ce qui l'entoure. »*
> Charles Eastman

En déchiffrant le langage des choses, on s'aperçoit que chacune est, en sa forme unique, un miroir de la dimension incommensurable de l'univers. Dieu se goûte vraiment en toutes choses. Ainsi le spirituel se cache-t-il dans la matérialité ; ainsi ce qui est en haut se dissimule-t-il dans ce qui est en bas ; ainsi l'ailleurs se trouve-t-il dans l'ici. C'est dire que le Divin est celé dans le cosmique. Et c'est ce qui fait dire à plusieurs que la voie spirituelle amérindienne revêt le caractère de ce qu'ils nomment « une mystique de la nature » ; d'autres parlent d'« un panthéisme premier » ; d'autres évoquent une forme de « cosmothéisme ».

> « Je me tournai vers le livre du Grand Esprit qui est l'ensemble de sa création. Vous pouvez lire une grande partie de ce livre en étudiant la nature… Le Grand Esprit nous a fourni la possibilité, à vous et à moi, d'étudier à l'université de la nature les forêts, les montagnes, les rivières et les animaux dont nous faisons partie. »

> Pieds nus sur la terre sacrée
(textes rassemblés par T.C. McLuhan)

Quoi qu'il en soit de toutes ces appellations, il s'agit toujours d'une profonde alliance, et même d'une véritable inséparabilité, entre le Divin et le cosmique. L'univers émane constamment du Dieu créateur et c'est Dieu créateur qui agit en lui et par lui. S'il n'y a pas de monde sans Dieu, il n'y a pas de Dieu sans monde. Cette partie invisible, par laquelle tout être réside en Dieu, est en même temps le lieu intérieur et mystérieux en lequel Dieu réside. Dieu est la spiritualité qui traverse toute la matière de ce monde et qui la rend translucide. C'est le Grand Être universel ou encore le Grand Mystère cosmique.

L'omniprésence divine

Au cœur même de l'expérience spirituelle amérindienne il y a, nous semble-t-il, non seulement une vision de l'univers comme création de Dieu, mais aussi une image de cette création en tant que maison de Dieu. Le Dieu amérindien habite l'univers tout entier; il en est le souffle, la respiration, la pulsation. Pour tout dire, Dieu est l'Esprit de l'univers, cet Esprit créateur qui pénètre, vivifie et anime de l'intérieur l'ensemble de la nature, par l'entremise de ses propres puissances spirituelles au visage tantôt féminin (la Terre-Mère) tantôt masculin (le Ciel et son Soleil).

> « L'âme indienne ne peut être saisie hors de sa relation au Grand Mystère. Toutes ses attitudes fondamentales sont déterminées par le sens du Divin. C'est dans l'universelle présence d'une Puissance infinie que l'Indien puise son respect : respect de ce qui l'entoure, mais aussi, et surtout, respect de soi-même. »
>
> CHARLES EASTMAN, *L'âme indienne*

On peut dire que Dieu se révèle ainsi comme la substance invisible de toute apparence visible et comme l'essence permanente de tout ce qui change en ce monde. L'univers est mû par cette force divine supra-personnelle et universelle. Sa mystérieuse énergie créatrice se déploie dans la moindre parcelle de quartz comme dans l'être humain lui-même. Ce Dieu cosmique est une puissance spirituelle sans commencement ni fin et en perpétuel renouvellement au sein de l'univers.

« Chaque être humain est sacré... À chaque fois que vous
battez des paupières ou que je bats des paupières, Dieu bat des
paupières. Dieu voit à travers vos yeux et à travers les miens. »

HARVEY ARDEN, *Noble Red Man Mathew King,*
un sage Lakota

Il faut noter, au passage, qu'une telle conception du Divin possède
quelque résonance, entre autres, avec celles que s'en sont donnée les
voies spirituelles taoïste et hindoue, de même qu'avec celles de plusieurs philosophes, dont Spinoza, et avec celles de nombreux scientifiques, dont Einstein. Cette vision amérindienne se fonde radicalement sur la manifestation cosmique du Grand Mystère divin : autrement dit, sa « cosmologie » est essentiellement une « théophanie ». Ici,
comme dans les approches similaires, une transcendance divine se
manifeste dans l'immanence cosmique, tout en demeurant voilée.

« Nous croyons que l'Esprit emplit toute la création et que
chaque créature possède à quelque degré une âme, bien que
ce ne soit pas forcément une âme consciente d'elle-même. »

CHARLES EASTMAN, *L'âme indienne*

Dieu est immanent à chaque créature et présent dans l'ensemble du
monde par son Esprit, ce Grand Esprit de l'univers. Il est l'habitant
mystérieux du monde qu'il a créé et qu'il dirige, avec bonté et sagesse.
L'espace cosmique est donc aussi, en quelque sorte, un espace divin.
Voilà pourquoi la spiritualité amérindienne perçoit et affirme si fortement le caractère sacré de la nature, de tout ce qui y vit et de tout cet
ordre naturel dont l'être humain est lui-même partie intégrante.

« La plupart des tribus admettent l'existence d'un Grand
Esprit créateur de toute chose... Mais une forte dose de panthéisme se mêle à leur croyance, et, dans le feu, dans l'eau,
dans l'air, dans toute l'immense nature dont le Mystère les
entoure, ils sentent la présence de forces immatérielles, généralement bienfaisantes... à qui l'Indien ne manque pas de
rendre hommage à toute occasion. »

R. THEVENIN ET P. COZE, *Mœurs et histoire des Indiens*
d'Amérique du Nord

Les enseignements divins, qu'on appelle les Instructions originelles, sont inscrits partout dans la Nature et peuvent donc y être lus. Et Dieu peut aussi être rencontré tout autant dans les profondeurs ultimes du cœur humain, que dans les sentiers qui mènent au sommet silencieux de la montagne, dans le souffle des vents des quatre directions, dans la douce lumière du ciel nocturne ou dans le vol majestueux de l'aigle. Chaque entité cosmique, même la plus modeste, possède sa raison d'être, imprégnée qu'elle est de l'un ou l'autre des traits de la puissance et de la bonté infinies du Créateur : en ce sens, à sa manière, elle revêt un caractère sacré et elle témoigne d'une Présence divine en ce monde.

Le lien divin de toutes choses

L'univers, ou la nature, est un et agencé, à la manière d'un immense organisme vivant. Il forme un Tout dont toutes les parties sont indissociables. Toutes les créatures qui l'habitent sont les enfants de l'unique Grand Esprit ; toutes, depuis la plus humble jusqu'à l'être humain, sont donc comme des frères et des sœurs. Un nœud divin attache toutes choses et crée entre elles une profonde parenté spirituelle. L'unité de la nature est vraiment l'un des visages du Divin, car le Grand Mystère n'est autre que l'Un divin, immanent et présent dans la multiplicité et la variété des êtres. Voilà pourquoi, comme on l'a déjà signalé, l'Amérindien termine souvent ses prières ou ses propos spirituels par la formule : « À toutes mes relations ».

> « Écoutez ! Il est dit par les nations que le cosmos est magnifiquement agencé. Nous en voyons la preuve dans le changement des saisons, dans le jour et la nuit, la vie et la mort, l'accouplement de toutes choses sans lequel la vie infinie ne pourrait se perpétuer. Alors le cosmos est un tout, un lieu de régénération continuelle et de vibrante beauté, un royaume intérieur merveilleux qui confère substance et forme au monde matériel. »
>
> ANNA LEE WALTERS, *L'esprit des Indiens*

Dans cette vision holistique ámérindienne, tous les êtres appartiennent à la nature, totalité infinie et insécable, et à l'unique Grand Mystère, qui en est l'origine et qui l'habite. Appartenance, non pas à un propriétaire extérieur, mais à un Principe de vie intérieur : telle chaque feuille qui appartient à l'arbre ; telle chaque goutte d'eau qui appartient à sa source. C'est le souffle du Grand Esprit cosmique qui fait toutes choses unies ; c'est son énergie spirituelle et universelle qui crée le rythme des saisons, l'alternance des jours et des nuits et le cycle de tout ce qui contribue à créer l'harmonie, la beauté et l'unité du cosmos.

> « Au cours des dernières décennies, le renouveau des pratiques religieuses autochtones… a suscité un intérêt croissant. Une modernité désenchantée se prête à l'exploration de ces spiritualités pour lesquelles toute vie – humaine, animale, végétale – est sacrée, et qui sont à l'écoute de la nature et du surnaturel. La notion d'harmonie cosmique qui les inspire… semble receler le secret… d'une autre alliance avec l'univers. »

> *Le livre des sagesses. L'aventure spirituelle de l'humanité*
> (SOUS LA DIRECTION DE FRÉDÉRIC LENOIR
> ET YSÉ TARDAN-MASQUELIER)

Deuxième partie

La voie spirituelle

Chapitre 5

Un sentiment religieux cosmique

La perception et la représentation du Divin appellent un type de religiosité conséquent. Puisque le Dieu amérindien apparaît sous les traits d'un Dieu cosmique profondément immanent, la démarche ou le chemin emprunté pour s'approcher du Divin et entrer en relation avec lui sera elle-même imprégnée d'une profonde dimension cosmique. Alors, en quoi cette forme de sentiment religieux cosmique consiste-t-il ? Dans le présent chapitre, nous en donnons déjà quelques caractéristiques fondamentales ; mais il faut bien comprendre que c'est l'ensemble de la deuxième partie de notre volume qui se présente comme l'explicitation ou le vrai « dépliement » de la religiosité cosmique amérindienne.

Une mystique de la nature

Le chemin spirituel, ouvert par les Ancêtres et transmis de génération en génération principalement par voie d'initiation orale et rituelle, est totalement imprégné du sentiment d'une présence du Divin au cœur de la nature dont l'être humain est partie intégrante.

Pour le dire plus justement, cette voie spirituelle trouve son axe, d'une part, dans la perception du Grand Mystère qui à la fois enveloppe et imprègne le Tout cosmique, et, d'autre part, dans la quête d'une union intime avec cet ineffable Principe cosmique de toute vie. Voilà pourquoi on peut parler de la spiritualité amérindienne traditionnelle comme d'une mystique de la Nature.

> « Étant une affaire d'observations et de connaissances expérientielles, plutôt qu'un système de croyances, de doctrines et de rituels, l'expérience religieuse amérindienne se laisse fondamentalement comprendre comme *un état de conscience* concernant la présence concrète et en même temps insaisissable de Dieu ou du Grand Mystère comme source d'énergie de tout ce qui est... Les connaissances religieuses sont acquises par l'expérience personnelle et communautaire. Elles ressemblent à ce que la tradition chrétienne désigne comme *l'essence de la mystique*, c'est-à-dire la *cognitio experimentalis*. »
>
> ACHIEL PEELMAN, *Le Christ est amérindien*

En cette religiosité mystique, le Divin, le cosmos et l'homme sont profondément unis. Ce dernier y fait l'expérience d'une Puissance invisible radicalement immergée dans le monde visible ; d'une Transcendance lumineuse qui ne se révèle que sous les traits ombrés du cosmos. Chaque réalité de ce monde est perçue comme relevant de ce Grand Mystère et y participant selon son être propre. Chacune porte en elle un aspect de sa majesté et en témoigne. En fait, Dieu est déjà là, dans un cosmos qui n'est aucunement « désenchanté » : il s'agit d'apprendre à le voir et à l'entendre en tout ce qui vit ; il s'agit aussi, presque littéralement, de respirer sa présence dans la nature et, ainsi, de fusionner avec lui ; il s'agit enfin d'accepter que le centre de gravité se déplace de soi-même vers le vaste monde invisible.

> « L'univers est l'Autel de l'Essence divine. Lorsque le vent se lève, nous sentons le souffle de Dieu. Votre respiration et la mienne sont également le souffle de Dieu. »
>
> HARVEY ARDEN, *Noble Red Man Mathew King,*
> *un sage Lakota*

Le cosmos, comme chacun des êtres qui l'habite, porte en lui-même le Grand Mystère de son origine, de son fondement et de sa destinée. Il permet donc, à celui qui le contemple du plus profond de son esprit, l'entrée dans la zone invisible, le passage vers l'Autre Monde mystérieusement caché en celui-ci. Il arrive que, dans un silence mystique au sommet d'une montagne, on communie à l'esprit de la montagne ; que, dans l'observation attentive d'une nuit étoilée, on se perde infiniment en l'esprit du ciel nocturne ; que, dans un sublime acte de compassion, on se transforme en l'esprit même de la consolation liée à la souffrance. À la venue d'un enfant, ne réapprend-on pas aussi à respirer en l'esprit de tout ce qui naît en ce monde ?

Ces « esprits » avec lesquels on communie à travers les expériences significatives de sa propre vie, nous l'avons rappelé, sont des puissances spirituelles, des formes pures et, en définitive, des voix (et des voies) du Grand Mystère. Par l'entremise des formes multiples et variées de la nature et à travers tous les événements du Cercle sacré de la vie, on peut donc baigner dans les hautes énergies de l'Esprit universel.

Une religion naturelle

Dans l'héritage spirituel amérindien, le rapport de l'être humain au milieu naturel en lequel il vit est organique. Jamais, cette relation n'est envisagée comme purement fonctionnelle et utilitaire. Le lien avec les plantes et les animaux y est mesuré par la satisfaction des besoins légitimes, les possibilités de cet environnement naturel et la préoccupation des générations futures. Et cette attitude est plus que simplement écologique : elle comporte une dimension nettement spirituelle, précisément parce qu'on croit que le Grand Esprit cosmique est présent en ces plantes et ces animaux par l'entremise des esprits qui le représentent. C'est aussi pour cette raison qu'on implore le pardon de la bête tuée ou qu'on remercie Terre-Mère qui, avec ses courges, ses haricots et son maïs, nourrit ses enfants.

« Si Christophe Colomb avait su nous nommer lorsqu'il nous rencontra, il nous aurait appelés : hommes de la Nature. »

PROPOS DE SELO BLACK CROW DANS *Voix indiennes. Le message des Indiens d'Amérique au monde occidental*

« La religion autochtone est un mode de vie naturel, fondé
sur le fait que tout est en relation. »

DHYANI YWAHOO, *Sagesse amérindienne. Traditions
et enseignements des Indiens Cherokee*

Cette voie naturelle se nourrit, à son tour, de tous les liens spirituels
que l'être humain établit avec les arbres de la forêt et les vents des
quatre directions qui lui livrent leur sagesse ; avec l'eau, le feu et la
fumée dont le caractère sacré est reconnu dans les grandes cérémonies
rituelles ; avec le Soleil paternel qui règne dans le ciel et la Terre maternelle et nourricière, qui tous deux représentent les aspects masculin et féminin inséparables du Grand Mystère cosmique. La nature en
son ensemble constitue ici le Grand Livre sacré à lire avec la plus
grande attention religieuse.

« Saviez-vous que les arbres parlent ? Ils le font pourtant ! Ils
se parlent entre eux et ils vous parleront si vous écoutez.
L'ennui avec les Blancs, c'est qu'ils n'écoutent pas ! Ils n'ont
jamais écouté les Indiens, aussi je suppose qu'ils n'écouteront pas les autres voix de la Nature. Pourtant, les arbres
m'ont beaucoup appris : tantôt sur le temps, tantôt sur les
animaux, tantôt sur le Grand Esprit. »

Pieds nus sur la terre sacrée
(TEXTES RASSEMBLÉS PAR T.C. MCLUHAN)

« Notre Bible, ce sont le vent, la pluie et les étoiles. Le monde
est une Bible ouverte. »

PROPOS DE MATHEW KING DANS HARVEY ARDEN ET STEVE WALL,
*Les gardiens de la sagesse. Rencontres avec des sages
Indiens d'Amérique du Nord*

Cette voie spirituelle prend racine dans un élan spontané de l'âme
humaine vers la Source cosmique invisible de toute chose. Elle est faite
d'un mouvement aussi libre, aussi originel et aussi liturgique que le
chant de l'oiseau ou le vol de l'aigle qui, chacun à sa manière, rend
hommage à la beauté de la création et à la majesté du Créateur. Le
plus possible, il faut donc rester en harmonie avec les êtres de la
création et avec les forces naturelles qui, en leur dimension de profondeur, sont de véritables puissances spirituelles.

En vérité, la nature nous entoure, nous étreint et nous parle. Elle est, en quelque sorte, notre maison, pleine de vie, puisque toute chose possède en réalité une âme qui, justement, l'anime. Mais elle est aussi en nous, témoignant de notre alliance sacrée avec tout ce qui nous entoure et rappelant que nous ne formons finalement qu'un seul Grand Être cosmique et divin, comme l'indiquent les excuses et les remerciements offerts aux animaux chassés et tués pour satisfaire les besoins humains.

« Strictement parlant, l'Amérindien ne *croit* pas en Dieu. Il *connaît* Dieu à travers une expérience relationnelle, tout englobante. Tous les êtres *vivants* de l'univers sont mystérieusement reliés et tirent leur substance de Dieu ou du Grand Mystère, qui constitue leur centre ou leur source d'énergie vitale. »

ACHIEL PEELMAN, Le Christ est amérindien

À l'écoute des Instructions originelles

La nature parle à l'être humain. Elle lui dit de préserver l'ordre naturel, lui rappelant qu'il en fait partie intégrante et qu'une alliance sacrée existe entre elle et lui. S'il arrive à l'homme de ne pas respecter l'ordonnancement des choses ou d'abîmer quelque partie de son environnement, elle l'aide à prendre conscience que c'est finalement lui-même qu'il blesse. « Écoute les signes que je t'envoie », dit-elle, et « pratique la voie naturelle ». Les Instructions originelles appellent, en effet, ceux et celles qui marchent sur la terre à témoigner du plus grand des respects envers les esprits qui y veillent, comme de l'intérieur, sur l'intégrité de tout ce qui vit. Car chaque être vivant est bien, à sa manière unique, un centre spirituel, une maison en laquelle habitent une puissance et une sagesse issues du Grand Mystère.

> *« Lorsque le vent se lève, nous sentons le souffle de Dieu ; votre respiration et la mienne sont le souffle de Dieu. »*
> MATHEW KING

« Ainsi a commencé le voyage sans fin qui m'a mené dans le jardin vierge de la forêt tropicale d'Amazonie, jusqu'aux plus hauts sommets des Andes. J'y ai découvert une pratique spirituelle séculaire qui stipule que chacun de nous peut connaître l'infini et que cette expérience peut nous apporter la plénitude ; que la Terre ne nous appartient pas, mais qu'inversement nous lui appartenons ; et que nous pouvons encore converser avec Dieu et *entendre sa voix dans toute la création.* »

ALBERTO VILLOLDO, *Chaman des temps modernes,*
L'art de la guérison par la médecine énergétique
des autochtones d'Amérique

Puisque, dans la voie spirituelle amérindienne, l'univers entier est appréhendé comme création du Grand Esprit, il est aussi perçu comme son habitat. Par les esprits incarnés dans chacun des maillons de la grande chaîne de la vie, le Grand Esprit assure donc sa présence active et continue. Et tant par l'esprit des pierres et des grands astres que par celui des plantes et des animaux ou encore par celui des quatre saisons et des quatre directions, il livre une part des secrets de sa sagesse, à voir, sentir, goûter, toucher et entendre. Cette sagesse cosmique est là pour aider chacun à bien se conduire dans le parcours du cycle de sa vie.

« Les Instructions originelles ordonnent que nous, qui marchons sur la terre, témoignions un grand respect, de l'affection et de la gratitude envers tous les esprits qui créent et entretiennent la Vie. Nous saluons et remercions les nombreux alliés de notre existence : le blé, les haricots, les courges, les vents, le soleil. Lorsque les gens cesseront de respecter toutes ces nombreuses choses et d'en savoir gré, alors toute vie sera détruite et la vie humaine sur cette planète touchera à sa fin. »

Voix indiennes. Le message des Indiens d'Amérique
au monde occidental

C'est la création entière qui devient la première école de l'être humain, un lieu d'apprentissages fondamentaux et de découvertes sur le sens de sa propre vie. Tout ce qui vit possède une voix et enseigne en quelque façon, à l'homme qui veut bien y prêter attention, les sentiers qui mènent à la grande route rouge du respect des Instructions originelles. La nature en son entier est l'interprète du Grand Esprit auprès de l'être humain ; son langage contient un authentique message divin.

> « Dieu transmet ses Préceptes à toutes les créatures vivantes, selon son dessein, établi pour l'ensemble du monde. Il les a transmis à chaque élément de la nature. »

> HARVEY ARDEN, *Noble Red Man Mathew King,*
> *un sage Lakota*

L'une des plus importantes tâches de l'être humain est justement de déchiffrer cette parole sacrée, au moyen de ses sens, de son intelligence et de son cœur ; de cueillir ces fruits de sagesse que nous livrent tous les habitants sans voix du cosmos. Car chaque réalité cosmique est, en sa profondeur spirituelle, une note du chant éternel du Grand Mystère. Ainsi, que nous dit le saumon ? Que chacun est appelé, depuis son être le plus profond, à retourner chez soi, jusqu'à sa Source. Et quel est l'enseignement de l'aigle ? Que les seules valeurs dignes de ce nom sont les plus hautes, celles qui nous permettent de voler en notre Humanité jusqu'auprès du monde des esprits.

> « Les Indiens m'ont mis en tête une autre réalité possible : le monde n'est pas ce que l'on voit, mais plutôt ce que l'on croit... Ils m'ont parlé d'un monde où il faut sentir au-delà de nos sens, un monde où l'individu n'est que la modeste parcelle d'une fresque grandiose, un monde ouvert à des milliers de versions forgées dans l'alliance avec la Nature. »

> JEAN-PATRICK COSTA, *L'Homme-Nature ou l'alliance avec*
> *l'univers, Entre indianité et modernité*

> « Toute la Création est une pensée dont vous faites partie. La sagesse est dans votre cœur ; regardez en vous... Dans la vision autochtone traditionnelle, notre premier devoir est de nous fondre en harmonie avec les Instructions originelles. »

> DHYANI YWAHOO, *Sagesse amérindienne. Traditions et*
> *enseignements des Indiens Cherokee*

Le sens du sacré

L'expérience spirituelle d'un cosmos comportant une dimension sacrée, et donc sa capacité inhérente de relier l'homme au Divin, est au cœur même de la voie spirituelle amérindienne. C'est affirmer, du même coup, la dignité, la valeur et la densité ontologique de cet univers, qui appellent le respect et la révérence de la part de l'homme. À la limite, puisque toute réalité possède ce pouvoir de liaison avec le Divin, il n'y a plus rien qui soit purement profane. Toute chose ayant une place significative dans le cycle de la vie requiert donc une attention sans réserve et, au besoin, une responsabilité inconditionnelle.

> « Chaque être humain est sacré. Vous êtes sacré et je suis sacré. À chaque fois que vous battez des paupières ou que je bats des paupières, Dieu bat des paupières. Dieu voit à travers vos yeux et à travers les miens. »
>
> Harvey Arden, *Noble Red Man Mathew King*,
> *un sage Lakota*

Dans l'héritage spirituel amérindien, le sens du sacré s'exprime dans plusieurs cérémonies rituelles, certes, mais aussi dans les situations de la vie quotidienne. Il y a donc plusieurs lieux – tels des rochers, des rivières, des montagnes, des cimetières ou des terres ancestrales – à préserver comme autant de sanctuaires et de centres spirituels. Il y a aussi plusieurs phénomènes naturels – tels les vents issus des quatre directions, la lumière venue du ciel, la respiration de la Terre-Mère, voire les songes des hommes – à reconnaître comme des moments privilégiés de contact avec le Divin. Il y a encore tout un ensemble d'objets – tels le hochet, la pipe ou la plume d'aigle – qui acquièrent un caractère sacré lorsqu'ils sont liés à des gestes rituels.

> « Le Tabernacle des Indiens est l'univers. »
>
> Propos de Russel Means dans *Voix indiennes. Le message*
> *des Indiens d'Amérique au monde occidental*

« Le matin du 6 mai 1862, la respiration de Henry David Thoreau faiblit. Il murmure les mots *Orignal* et *Indien* et expire à neuf heures, sans la moindre résistance... Il avait écrit dans son *Journal* : *Mon métier est d'être toujours en alerte pour trouver Dieu dans la Nature... Ces mouvements partout dans la Nature sont certainement la pulsation divine. La voile qui s'enfle, le ruisseau qui court, l'arbre qui ondule, le vent qui erre, d'où leur viendraient autrement cette excellence et cette liberté infinie ?* »

GILLES FARCET, *Henry Thoreau, l'éveillé du Nouveau Monde*

Ce qui rend sacrée une réalité visible, c'est la dimension invisible qu'elle porte au plus profond d'elle-même et par laquelle elle est, en quelque sorte, remplie de sens et saturée d'être. Ce qui la sacralise, c'est cet espace spirituel creusé en sa propre matérialité, un espace qui permettra l'ineffable rencontre entre le Grand Mystère et une conscience humaine devenue, pour ainsi dire, ouverte et transparente à la présence du Divin en ce monde. Littéralement, cette réalité devient alors un sacrement, c'est-à-dire un véritable signe sacré témoignant de la présence du Divin.

Chapitre 6

Le Grand Cercle sacré

Le Cercle est l'un des symboles archétypiques les plus fondamentaux dans la voie spirituelle amérindienne. Il renvoie à
la perception d'une sacralité de l'espace et du temps, qui
n'ont donc rien d'homogène, comme c'est plutôt le cas dans
nos sociétés sécularisées. C'est aussi une représentation des
cycles de la vie et de l'univers, dont les racines plongent dans
le Grand Mystère. Mais, qu'en est-il plus précisément?

La circularité de l'espace

En lien avec le Grand Mystère, l'espace apparaît en effet comme
un Cercle sacré. C'est dire, d'abord, que ce Cercle représente
une totalité voulue par le Principe créateur, qui déploie ainsi sa
manifestation cosmique. Tout ce que fait le Pouvoir du monde opère,
en effet, en forme de cercles. L'énergie cosmique et divine circule de
façon circulaire et spiralée. Le cosmos tout entier se meut ainsi à la
manière d'un vaste Cercle et toute chose, emportée en son mouvement, tend elle-même à être ronde.

« Dans la vision du monde tsalagi (cherokee), toutes les choses sont reliées entre elles et ne font qu'un dans le cercle de la vie. Le cercle, le mandala, la roue-médecine – des miroirs de l'esprit. »

DHYANI YWAHOO, *Sagesse amérindienne. Traditions et enseignements des Indiens Cherokee*

Regardez la forme de Terre-Mère, du Soleil, de la Lune, des planètes et des étoiles et leurs courses ; observez le vent qui tourbillonne, la fumée qui monte en spirale, la danse autour du feu, le nid des oiseaux, le tipi, la famille, la nation : toutes ces réalités n'épousent-elles pas un mouvement circulaire ? Qui plus est, chacun de nous est un cercle et sa vie entière est elle-même un cercle. Et tout cercle revêt un caractère sacré, car il est un microcosme et il représente le Cercle cosmique qui, depuis son centre, accueille le souffle circulaire du Grand Esprit.

> « *Vous devez comprendre ce qui se passe sur la Grande Montagne : cet endroit est une cathédrale.* »
>
> THOMAS BANYACYA

Dans le Cercle sacré, tout est lié ; là s'exprime l'unité spirituelle de tous les êtres. Il importe donc au plus haut point de ne pas briser le lien sacré du Cercle, puisqu'il rassemble tous les êtres qui en font partie en une grande totalité vivante : là, il n'y a ni haut ni bas, ni isolement ni domination. Tout y est comme une chaîne en laquelle chaque maillon est en interaction avec tous les autres et joue son rôle irremplaçable.

La grande difficulté de vivre dans un cercle brisé rappelle la nécessité de maintenir partout la valeur suprême de l'harmonie. Mais, on peut guérir les cercles brisés, au moyen de la roue-médecine, dont on parlera plus loin. On peut aussi purifier les maisons carrées, par exemple, en brûlant une herbe sacrée dans un mouvement circulaire en chaque pièce, rétablissant ainsi la demeure dans l'esprit du Grand Cercle sacré.

« Vous aurez remarqué que tout ce qu'un Indien fait est dans un cercle, et c'est parce que le Pouvoir du monde opère toujours en cercles, et tout essaie d'être rond… »

JOHN G. NEIHARDT, *Élan noir parle. La vie d'un saint homme des Sioux oglalas*

À chaque cercle auquel nous appartenons, nous faisons un avec l'univers. Chacun est en effet relié au Cercle cosmique, lui-même animé par les esprits ou les forces invisibles du Grand Mystère. Le moindre cercle de vie est un miroir du Cercle sacré universel et il est en interférence continuelle avec tous les autres cercles. Un cercle rompu ou détruit dans l'univers atteint nos cercles immédiats. Car, tous, ils sont concentriques ; ils sont en équilibre les uns avec les autres. C'est cela, la loi sacrée de l'unité qui se manifeste partout dans l'univers ; c'est cela, la première des Instructions originelles ; c'est cela, la loi de réciprocité et l'ordre même de la vie.

À n'en point douter, l'esprit du Cercle est vraiment l'esprit de l'interdépendance et du lien universel ; il met en évidence les similitudes et les parentés. Le mal que nous faisons à Terre-Mère, par exemple, est un mal que nous nous faisons à nous-mêmes. Car tout est en lien dans le Cercle de la vie. Voilà ce que dit la voie spirituelle amérindienne lorsqu'elle prononce cette formule : « À toutes mes relations ! » Une telle vision circulaire des choses n'est d'ailleurs pas sans quelque analogie avec le cercle sacré du Tao et les mandalas brahmaniques et bouddhistes.

> « La véritable dimension américaine, à laquelle nous convient encore aujourd'hui les peuples issus de ce continent, n'est ni anglaise, ni française, ni indienne, ni inuit ; elle tient dans la notion autochtone du Grand Cercle, selon laquelle le respect obsessif de la spécificité de chaque chaînon devient la condition indispensable au maintien de l'ensemble. »
>
> RÉMI SAVARD, *Destins d'Amérique. Les autochtones et nous*

Le cycle du temps

Dans l'écoulement du temps, au sein de la nature, le cercle devient un cycle. Il y a le cycle de la vie de chaque individu, qui va de la naissance à la mort et à la renaissance, en passant par l'enfance, la maturité et la vieillesse. Il y a celui de la répétition inlassable des saisons et celui de l'arbre, par exemple, qui naît, grandit, produit ses feuilles, puis les redonne au sol qui nourrit à nouveau ses racines, qui elles-mêmes font remonter à l'intérieur de l'arbre la sève et tout ce qui sera nécessaire à l'apparition de nouvelles feuilles. Et que dire du cycle des générations qui se renouvellent, avec l'inéluctable succession des mortalités et des naissances, les premières étant inséparablement liées à l'apparition des secondes. Partout, dans la nature, le cycle de la mort et de la renaissance est présent.

> « Le cycle de toute chose se meut en spirale dans l'univers en changement perpétuel… Nous sommes tous ensemble liés dans le cycle de la vie… Reconnaissons à l'œuvre le courant du pur Esprit dans la roue sacrée de la vie. »
>
> DHYANI YWAHOO, *Spiritualité amérindienne. Traditions et enseignements des Indiens Cherokee*

La voie spirituelle amérindienne insiste, comme d'ailleurs l'ensemble des grandes traditions spirituelles, sur la circularité du temps, témoignant à sa manière propre de l'éternité divine. Il y a un « esprit » du temps : celui-ci affirme qu'il y a une dimension invisible de la roue de la vie, c'est-à-dire une ouverture intérieure du temps sur le Divin. Dire que l'action de cet « esprit » est circulaire, c'est affirmer que son jeu cosmique et divin se manifeste dans le retour éternel des choses. C'est aussi soutenir que son activité universelle favorise l'emboîtement du passé, du présent et de l'avenir : ainsi, par exemple, le dialogue avec les Ancêtres, la préoccupation des vivants et le souci des générations futures y sont très solidairement entremêlés. Tel semble être « l'esprit » du temps amérindien.

La cosmogonie, c'est-à-dire la naissance de l'univers, a été la manifestation divine suprême. Au commencement, l'univers s'affirmait dans la plénitude de son être ; et c'est cette densité d'être originelle que cherche d'ailleurs à rétablir toute cérémonie sacrée, par son appel à une renaissance intérieure et à une responsabilité cosmique. Les cérémonies rituelles sont elles-mêmes cycliques, puisqu'elles sont liées à ces cycles de la vie. Elles rappellent et actualisent toutes, chacune avec sa coloration particulière, le temps fort et pur de la création du monde par le Grand Esprit. La liturgie amérindienne est véritablement, comme les autres grandes liturgies, circulaire et cyclique. Et comme les cercles de l'espace, les cycles du temps s'y imbriquent aussi les uns dans les autres. Et de même que l'espace n'est pas homogène, le temps n'y est pas davantage linéaire.

Les quatre quartiers du Cercle

Le Cercle sacré de la Terre est divisé en quatre quartiers. Ce sont les quatre points cardinaux de la planète, archétypes importants de la voie spirituelle amérindienne : le nord, le sud, l'est et l'ouest. Chacun représente un « esprit primordial », apparaissant, avec sa puissance spirituelle distinctive, comme un messager du Grand Esprit. Ce sont, en somme, les esprits des quatre directions, chacun d'eux étant porteur d'une qualité spécifique de l'énergie et de la conscience du Grand Mystère cosmique. Aussi ramènent-ils celui qui a su écouter leurs enseignements et comprendre leur sagesse au point d'équilibre central de son propre Cercle sacré. Ils lui permettent d'aligner ses intentions, ses pensées, ses émotions et ses actions sur les quatre grands flux énergétiques et lumineux de l'espace terrestre.

Ainsi l'esprit de l'Est est-il généralement lié à la clarté nouvelle de l'aube, au retour fidèle de la lumière du matin et aux énergies créatrices du printemps. Sa couleur est le jaune et son élément est l'eau. C'est donc ici la communion possible au printemps de la vie, à la puissance spirituelle de la renaissance et à la lumière de la sagesse. De même l'esprit du Sud est-il normalement associé au midi et à la chaleur de l'été. Sa couleur est le rouge et son élément est le feu. On peut alors partager ici les forces de l'été de la vie et la chaleur spirituelle d'un amour rempli de respect mutuel. À son tour, l'esprit de l'Ouest est-il celui des pluies et des vents automnaux. Sa couleur est le noir et son élément est la terre. On s'ouvre ainsi au détachement intérieur et à l'acceptation de l'automne de la vie. Enfin, l'esprit du Nord est-il immanquablement lié à la blancheur de la neige et aux froids hivernaux. Sa couleur est le blanc et son élément est l'air. On découvre alors la pureté aérienne de l'enfance retrouvée, la paix de la conscience et le courage nécessaire pour traverser les dernières épreuves de la vie.

Certes, les interprétations de ces quatre quartiers (ou de ces quatre directions) peuvent varier quelque peu, mais toujours elles rappellent que chacun est invité à participer à ces formes diverses de puissance spirituelle et de conscience. Tous doivent aussi se rappeler que ces esprits sacrés des quatre directions ne sont finalement qu'un seul, celui du Grand Esprit, et qu'ils doivent être accueillis conjointement par celui qui souhaite vivre pleinement dans l'harmonie et se situer au centre du Cercle sacré de sa propre vie. Celui-ci obéira alors à une grande loi de la vie que rappellent les Instructions originelles liées aux esprits des quatre quartiers : le respect en soi-même et dans son environnement de l'équilibre des contraires qui sont, de fait, complémentaires.

> « Nous pouvons communiquer avec des archétypes très importants pour les peuples d'Amérique, les quatre grands-pères des points cardinaux. Les quatre directions sont, pour tous les Amérindiens d'Amérique du Nord et du Sud, de grands archétypes. Ils ont été mis en place au tout début, lors de la création de la planète... Il est important de voir la réalité avec la vision des quatre directions pour s'assurer de demeurer dans l'équilibre. »
>
> AIGLE BLEU, *Le sentier de la beauté*

Au Centre du monde

Dans l'héritage spirituel amérindien, des lieux sacrés et des sanctuaires existent. Ces églises sont, par exemple, une terre natale léguée de longue date, un cimetière où sont ensevelis les os des Ancêtres, une vallée verdoyante propice à l'habitat de génération en génération, une rivière nourricière indispensable, une montagne favorisant la quête de vision, une tente servant aux cérémonies religieuses. Ces lieux représentent, en quelque manière, le centre du Grand Cercle sacré qu'est le cosmos. Justement, ils placent ceux qui y ont accès, avec le respect et la révérence qu'exige l'authentique route rouge, au centre même du monde. Là se réalise normalement et « naturellement » la rencontre avec le Grand Mystère.

> « Le Centre du monde est partout. »
>
> JOHN NIEHARDT, *Élan noir parle.*
> *La vie d'un saint homme Sioux*

> « Vous devez comprendre ce qui se passe sur la Grande Montagne... Cet endroit est une cathédrale, c'est notre Jérusalem. »
>
> PROPOS DE THOMAS BANYACYA DANS HARVEY ARDEN ET STEVE WALL, *Les gardiens de la sagesse. Rencontres avec des sages Indiens d'Amérique du Nord*

Voilà pourquoi le Centre ou l'axe du monde peut être partout ; précisément, en tous ces lieux spirituels où la puissance infinie et invisible de l'Esprit universel vient au-devant de l'être humain pour s'offrir à lui. En ces endroits qualitativement différents se révèle l'Autre Monde, caché mais présent au cœur de ce monde visible. Chacun de ces lieux saints – en lesquels s'entremêlent la mémoire, la présence et l'aspiration – relie en effet le Ciel et la Terre, l'humain et le Divin. Ce sont des lieux de la plus haute résonance énergétique et lumineuse : des lieux sacrés. Et tout vrai pèlerin a appris à saisir la densité et l'esprit de ces lieux.

> « L'endroit où nous nous trouvons est le centre de l'Univers. Mais ce qui est primordial est que dans notre cercle nous ne faisons qu'un avec l'Univers… C'est de cette compréhension que nous vient un grand sens de la responsabilité et du respect. »
>
> <div align="right">DON RUTLEDGE ET RITA ROBINSON, <i>Le chant de la terre.
La spiritualité des Amérindiens</i></div>

> « Les Indiens des Plaines campent en cercle, le village étant une réplique de l'univers. Au centre se trouve un poteau ou un feu qui représente l'axe du monde, le trait d'union entre la terre et le ciel, le lien entre les hommes et le surnaturel. »
>
> <div align="right">PHILIPPE JACQUIN, <i>La terre des Peaux-Rouges</i></div>

Ainsi ramené au centre de l'âme, on est au centre du cosmos et du Grand Mystère qui le fonde. En ce centre sacré, s'harmonisent les pôles opposés de l'être et se réalise pour autant la cohérence intérieure. En lui se manifestent les formes idéales qui indiquent les devoirs spirituels à accomplir et les chemins de sagesse à emprunter. Et en ce sanctuaire le plus intime, les énergies humaines se nourrissent aux puissances spirituelles et invisibles cachées en elles.

> « L'enseignement tsalagi (cherokee), comme la conception de la réalité qu'entretiennent les Tsalagi, est un Cercle… On a l'occasion de renouveler aujourd'hui le Cercle sacré de la vie sur cette planète… Chaque personne a un devoir spirituel et des dons particuliers en vue de contribuer au renouvellement du Cercle… Notre calendrier (essentiellement le même que les calendriers maya et aztèque) reflète la spirale : des roues

d'énergie et de conscience, des roues imbriquées, à jamais rassemblées dans un mouvement majestueux... Lorsque surviennent des pensées de séparation, rappelez-vous que nous sommes tous ensemble le Cercle de la vie. »

Dhyani Ywahoo, *Sagesse amérindienne. Traditions et enseignements des Indiens Cherokee*

Chapitre 7

La communion avec le pouvoir du Grand Mystère

Dans l'héritage spirituel amérindien, le Grand Mystère est le pouvoir créateur incréé et invisible. Est-il possible à l'être humain d'entrer en communion avec ce pouvoir divin ? Nous verrons ici qu'il y parvient, à travers sa capacité à syntoniser l'énergie cosmique universelle, à s'aligner sur le courant de la vie qui l'entoure et à ouvrir les canaux de sa propre force vitale. Car les énergies visibles qui circulent en spirale dans le cosmos, l'environnement naturel et l'être humain sont les énergies invisibles de cet Esprit universel qu'on nomme le Grand Mystère.

La connexion avec l'énergie cosmique

Dans le cosmos, tout est vibration dans un champ énergétique et lumineux. Les forces cosmiques sont toujours là, en travail, dans tous les coins de l'univers, dans les quatre directions, puis en haut dans le ciel et en bas sur la terre. Ce que le chaman est devenu à un haut degré, chacun est aussi appelé à l'incarner autant qu'il lui est possible dans sa vie quotidienne : être un voyageur cosmique !

Seul celui qui accepte un tel voyage spirituel peut, en effet, communier avec les gardiens du monde et leur pouvoir magnétique; lui seul, du plus profond de son être, peut apprendre à se conformer à la manière dont les pouvoirs du monde se meuvent. Le voyageur cosmique, en effet, devient capable de cette attention seconde qui lui permet de sentir l'énergie cosmique à l'œuvre et de cette ouverture de l'esprit et du cœur qui l'amène à entrer en résonance avec elle.

> « Rien ne peut vivre bien sinon en se conformant à la manière dont le Pouvoir du Monde vit et se meut pour accomplir son œuvre. »

> JOHN G. NEIHARDT, *Élan noir parle.*
> *La vie d'un saint homme des Sioux oglalas*

Se plonger ainsi dans les énergies les plus hautes du cosmos, c'est communier avec les pouvoirs spirituels de l'univers, qui sont en leur profondeur les canaux de la Puissance divine elle-même. Car le champ de l'énergie du cosmos puise à même l'océan d'énergie de l'Esprit divin. Plongé en ce monde des esprits cosmiques, qui sont effectivement des puissances spirituelles, et relié à cette matrice divine, le voyageur cosmique s'unit du même mouvement à la force créatrice originelle sans cesse en travail dans la création. Il reconnaît alors le courant du Grand Mystère à l'œuvre en lui-même, cherchant à établir l'harmonie entre ses propres forces intérieures et l'union de celles-ci avec les forces de son environnement. Voilà pourquoi il se sent alors comme enveloppé par une énergie divine infinie; et voilà aussi pourquoi, baigné dans le monde de l'Esprit universel, il se sent comme rentré à la maison.

> « Tout est vibration et ce qui a l'apparence d'un conflit se comprend mieux en termes de dissonance ou de discorde, d'énergies cherchant à se résoudre dans l'harmonie... Notre pratique spirituelle développe un champ énergétique de lumière... Ne vous attachez pas au courant de la peur, de la colère et du doute. Reconnaissez le courant du pur esprit; le courant de la claire pensée et de la sagesse et l'esprit du gardien de la paix. »

> DHYANI YWAHOO, *Sagesse amérindienne. Traditions et*
> *enseignements des Indiens Cherokee*

Dans la chaîne énergétique de la vie sur terre

La voie spirituelle amérindienne reconnaît la parenté profonde de tout ce qui vit. Qui plus est, un réel échange d'énergie existe entre l'être humain et les mondes minéral, végétal et animal qui constituent son environnement originel. Tout ce qui vit est lié et forme ainsi la grande chaîne ou le grand cycle de la vie. Puisque les plantes se nourrissent de la lumière du soleil, des pluies du ciel et des minéraux de la terre, et puisque les animaux se nourrissent de plantes ou d'autres animaux qui ont mangé ces plantes, l'être humain, qui à son tour se nourrit des deux, est en vérité lumière, eau et minéral. Il est ces énergies. Le champ d'énergie de l'être humain chevauche ainsi celui de tout ce qui vit, ce qui inclut le moindre caillou trouvé sur le chemin.

> *« Rien ne peut vivre bien sinon en se conformant à la manière dont le Pouvoir du monde vit et se meut pour accomplir son œuvre. »*
> BLACK ELK

> « Ressentons la vie des arbres. Entourons le tronc d'un pin, d'un cèdre, d'un érable ou d'un chêne de nos bras. Restons ainsi jusqu'à ce que nous sentions son énergie. Cette énergie qui monte de la Terre peut, tranquillement, nous régénérer et nous guérir. »
>
> LUC BOURGAULT, *L'héritage sacré des peuples amérindiens*

> « Le champ d'énergie de la personne humaine chevauche celui de tous les autres êtres. »
>
> ALBERTO VILLOLDO, *Chaman des temps modernes,*
> *L'art de la guérison par la médecine énergétique*
> *des autochtones d'Amérique*

Depuis longtemps, dans l'héritage spirituel amérindien, on avait aussi compris que tout phénomène et toute entité matérielle sont des formes d'énergie subtile. Oiseaux, arbres, cristaux, vents, nuages, éclairs, tonnerre, par exemple, sont tous des canaux qui transportent l'énergie qui circule en cercle au sein et autour de la Terre-Mère. Chacun a ses vibrations propres, en interaction avec celles de tous les autres.

Tout vibre donc ensemble dans un unique et immense champ vibratoire, produisant la grande danse circulaire des énergies qui s'échangent.

L'homme est appelé à participer à cette danse, en respectant et en intégrant les énergies mises sur son chemin, et ce, d'autant plus que c'est là la danse sacrée de l'Esprit universel. Il doit avoir pris conscience que des filaments invisibles, constamment produits par le Grand Mystère, le relient aux forêts emplies de chants d'oiseaux, aux rivières qui s'agitent dans les pierres, à tous ces animaux archétypaux qui peuplent les profondeurs de son esprit, puis aux esprits des quatre coins de la terre. Tout émet de l'énergie et tout s'échange dans ce Cercle sacré dont l'être humain fait partie.

L'ouverture des canaux d'énergie dans le corps humain

Le corps humain reçoit les énergies cosmiques qui descendent de Père-Ciel et plonge, en même temps, ses racines dans celles de Terre-Mère. Il y a entre lui et celles-ci une résonance première. L'homme est ainsi appelé à prendre conscience de cette profonde répercussion vibratoire en ses propres canaux énergétiques et, à travers eux, à se connecter à ces deux courants complémentaires. Ce faisant, l'arête de son corps, sa colonne vertébrale, s'ouvre aux forces venues d'en haut et à celles qui sont issues d'en bas. Cette montée et cette descente en spirale dans le corps humain constituent la rencontre en lui des énergies liées aux souffles célestes de l'air et des énergies jaillissant du limon terrestre. La tâche humaine est non seulement de stimuler ces puissances contraires, mais également de les harmoniser.

> « Les chakras sont l'interface entre notre monde matériel et le champ d'énergie lumineux. En un sens, on peut voir ces vortex d'énergie tournoyants comme s'ils étaient à la place du signe d'égalité dans l'équation d'Einstein : $E = mc^2$. »
>
> ALBERTO VILLOLDO, *Chaman des temps modernes,*
> *L'art de la guérison par la médecine énergétique*
> *des autochtones d'Amérique*

Il y a ici, en nous-mêmes, une sorte de danse circulaire sacrée, car il s'agit de l'interaction des dimensions spirituelles des formes d'énergie masculine et féminine ou des «esprits» du père et de la mère. La rencontre de ces énergies descendante et ascendante a effectivement lieu dans l'âme et le cœur de la personne, là où elles cherchent leur plénitude, leur accomplissement harmonieux et l'origine de leur rayonnement extérieur. Ne sont-elles point la source du courage, de la sagesse et de l'amour, ces énergies humaines si chères à la voie spirituelle amérindienne et qui, justement, sont les témoins des énergies invisibles du Grand Mystère?

«Nous recevons de l'énergie par le sommet de la tête, par la base de la colonne vertébrale, des spirales d'énergie ascendante et descendante... Sentez l'énergie de la Terre qui monte dans votre colonne vertébrale, l'énergie du Ciel qui descend en spirale par le sommet de la tête, et les deux qui se rencontrent dans le cœur et rayonnent vers l'extérieur.»

DHYANI YWAHOO, *Sagesse amérindienne. Traditions et enseignements des Indiens Cherokee*

Chapitre 8

Les signes visibles de l'Invisible

Comme toutes les grandes traditions religieuses du monde, la voie spirituelle amérindienne cherche à rendre visible l'Invisible, au moyen de symboles et de récits mythiques et légendaires. Il y a en elle une richesse symbolique évidente, qui fait place d'abord aux réalités de la nature mais aussi aux objets fabriqués par la main de l'homme. Ainsi les Amérindiens traduisent-ils leur vision de l'univers, leur relation à la nature et le sens même de leur vie. En quoi consistent ces signes privilégiés du Grand Mystère?

Des récits fondateurs et exemplaires

L'héritage spirituel amérindien fourmille de ces récits mythiques et légendaires. Il y a ici, comme dans d'autres voies spirituelles, une « logique » du mythe. L'action s'y passe dans un temps primordial, au moment d'une quelconque origine : elle revêt alors la perfection des commencements. Ce temps est un temps qualitativement différent, pur, dense et fort, qui rappelle ainsi généralement l'origine par excellence : la naissance de l'univers.

C'est dire que tous les récits mythiques prolongent,.d'une façon ou d'une autre, le grand mythe cosmogonique. Ils décrivent donc des manifestations du Divin dans des phénomènes naturels impressionnants, des héros archétypaux parfois mi-hommes mi-animaux et des événements de grande envergure. Et ils ont une valeur exemplaire, tant pour les cérémonies rituelles, qui offrent une participation au monde divin, que pour la conduite de la vie humaine au quotidien. À cause de tout cela, ils constituent une indéniable porte d'entrée dans le monde mystérieux de l'Esprit universel et, pour autant, une importante source de la vie spirituelle.

> « Le songe est, comme la vision, un message du Monde divin. »
> LUC BOURGAULT

« Une magnifique colombe qui volait au-dessus de la Terre laissa tomber un peu de sang de son aile blessée sur le sein tiède de Mère Nature. Les arbres chantèrent alors doucement, et leurs branches agitées par les brises légères se balancèrent gracieusement de haut en bas, éventant l'endroit où le sang avait coulé sur le sol. Un rayon de soleil, une goutte de pluie, une bouffée de vie du Grand Esprit, qui souffla avec amour sur ce point, créèrent les Indiens d'Amérique. »

RÉCIT RACONTÉ PAR HARRIET STARLEAF GUMBS DANS HARVEY ARDEN ET STEVE WALL, *Les gardiens de la sagesse. Rencontres avec des sages Indiens d'Amérique du Nord*

« Le songe est, comme la vision, un message du monde divin. »

LUC BOURGAULT, *L'héritage sacré des peuples amérindiens*

Pour l'Amérindien engagé dans les sentiers de son propre héritage spirituel, le mythe et la légende sont le langage du Grand Mystère, langage qui le rejoint dans une strate très profonde de son âme : là justement où naissent ces rêves et ces songes archétypaux auxquels il attache une grande importance. Ceux-ci l'aident assurément à déchiffrer les secrets de l'univers et le sens de la vie humaine. Mais ils lui montrent du même coup la participation de toute réalité visible au monde invisible, ou plutôt la présence de ce « monde autre » au cœur même de celui-ci.

« Dieu voulait faire don de la pipe sacrée à ses enfants indiens, afin qu'ils puissent prier et parler avec lui quand ils le désireraient. Il nous a donc envoyé cette très belle Femme-Bison-Blanc. Elle a fixé sur son dos le paquet contenant la pipe, puis elle s'est mise en route pour l'apporter aux Lakotas... »

EXTRAIT D'UN RÉCIT RACONTÉ PAR MATHEW KING DANS HARVEY ARDEN ET STEVE WALL, *Les gardiens de la sagesse. Rencontres avec des sages Indiens d'Amérique du Nord*

« Il est bien connu que les Amérindiens ont depuis toujours une relation étroite avec les animaux. Cette relation se divise en trois temps : l'Amérindien observe d'abord l'animal, ensuite il le capture et s'en sert à des fins matérielles et, enfin, il le sacralise en lui attribuant un rôle de premier plan dans ses mythes et dans ses rituels. »

PROPOS D'HÉLÈNE DIONNE DANS *L'œil amérindien, regards sur l'animal*

L'héritage spirituel amérindien est riche de plusieurs récits de genèse du monde. Dans ces cosmogonies, les acteurs sont des êtres porteurs de la sagesse, de la bonté ou de la puissance divine et demeurent liés au monde des esprits dont ils sont issus. Ce sont souvent des êtres mi-humains mi-animaux ou tout simplement de grands animaux. Prolongeant ces récits cosmogoniques et y référant en quelque façon, des mythes racontent l'installation d'un groupe humain sur un territoire ; d'autres sont des récits symboliques de guérison, d'origine de plante-médecine, de transmission divine d'un rituel ou d'un objet sacré, par exemple.

« ...feu et tambour sacrés, énergies associées au monde archétypal et presque toujours liées par ailleurs dans les cérémonies amérindiennes. Deux composantes sœurs à l'origine du cosmos dont l'une renvoie à la lumière (l'étincelle de l'Esprit) et l'autre, au son (la Vibration primordiale). Ce que décrit le mythe de Création des Tsalagis (Cherokees) : *Au commencement est le Vide. De ce Vide mystérieux vint une vibration, sonore, et le son devint lumière et la lumière-son devint volonté, intention d'être.* »

RODOLPHE GAGNON, *Lettres amérindiennes*

Des objets qui symbolisent la Présence divine

Les symboles de cet ordre sont nombreux dans la spiritualité amérin-dienne. Chacun d'eux fait essentiellement référence à un «monde autre». Il le fait par son être même, qui participe d'une manière unique à ce monde invisible et divin. Il révèle ainsi ce niveau de réalité qui autrement demeurerait difficilement accessible, voire peut-être même inaccessible, à la conscience humaine. Comme le récit mythique, le symbole religieux exprime la transcendance et le mystère présents ici et maintenant. Devenant, par sa transparence à la dimension de pro-fondeur, un messager du Divin, il acquiert par le fait même un carac-tère sacré. C'est indéniablement un chemin spirituel menant au Grand Être.

Prêtons attention, par exemple, au totem, où apparaît générale-ment un animal, tel l'aigle, l'ours, le castor ou le cerf, considéré comme le guide, le modèle et le protecteur d'un clan ou d'un individu. C'est pratiquement le blason du groupe ou de l'individu, exprimant à la fois un lien mystique, voire une osmose, avec «l'esprit» de cet animal, sa «médecine» et ses enseignements propres, avec les devoirs spirituels qui en découlent. Le tambour utilisé dans les cérémonies religieuses est lui aussi un grand symbole : son battement martèle un rythme qui remonte à l'aube des temps ; il rappelle le pouls de Terre-Mère et le son primordial, ces vibrations cosmiques et divines auxquelles on est in-vité à participer avec un cœur qui bat à l'unisson.

Et que dire de la pipe sacrée, probablement l'un des symboles les plus fondamentaux de la spiritualité amérindienne ! En elle se concen-trent les règnes minéral, végétal, animal et humain : souvent le four-neau (le féminin) est en pierre, le tuyau (le masculin) est en bois et une plume d'oiseau y est attachée ; s'y allient aussi le tabac, le feu et l'homme qui à l'aide de son souffle produit la fumée qui monte au ciel et qui établit la communion avec le Grand Esprit.

> «La pipe de paix est notre seule arme. Elle est notre pouvoir sacré, le pouvoir de Dieu. La pipe est un médiateur entre l'homme et Dieu.»
>
> PROPOS DE MATHEW KING (LAKOTA) DANS HARVEY ARDEN ET STEVE WALL, *Les gardiens de la sagesse. Rencontres avec des sages Indiens d'Amérique du Nord*

« Il est impossible de parler de nos cérémonies sans parler de la Pipe sacrée. Aucun rituel ne peut être célébré sans fumer la Pipe. En vérité, fumer la Pipe est en soi une cérémonie solennelle. Elle est le lien entre l'homme et le Grand Esprit. »

ARCHIE FIRE LAME DEER, *Le cercle sacré, Mémoires d'un homme-médecine sioux*

Des symboles du monde naturel

Il y a aussi de nombreux phénomènes et plusieurs êtres vivants de la nature qui acquièrent le statut de symbole. Nous avons déjà parlé du cercle, des points cardinaux, du ciel et de la terre, entre autres grands signes et lieux sacrés, pour ainsi dire, du contact avec le monde invisible. Évoquons ici quelques éléments et animaux qui portent, par leur être même, cette faculté de relier au Divin.

Le cristal, symbole archétypique de la transparence à la lumière ; ce miroir de la luminance de l'esprit humain et de la perfection intérieure ; ce minéral, cadeau de Terre-Mère, et qui fait résonner en l'homme la vibration énergétique et lumineuse de la Création. Et toutes ces petites pierres médicinales ou d'autres qui, par leurs lignes, semblent contenir une écriture à déchiffrer, comme venue du monde des esprits. Puis le feu qui purifie l'âme et lui donne sa clarté ; et sa fumée qui monte vers le Ciel autant qu'en nous-mêmes, comme une offrande au Grand Esprit. Puis également l'arbre de vie, symbole du centre du monde et dont l'axe vertical relie Père-Ciel et Terre-Mère, énergies masculines et énergies féminines.

« Un feu sacré brûle depuis que l'homme existe ; il ne s'est jamais éteint. Il a été soigneusement entretenu et perpétué, même sur le chemin des larmes. Ce feu est le souffle de la vie, c'est la manifestation du pur esprit, c'est la claire lumière des choses dans leur vérité essentielle... Chaque cristal retiré de la Terre entretient un courant avec le cœur de la Terre. De bien des façons, le cristal ressemble à l'œil de Dieu et rapporte au Ciel et à la Terre les pensées et actions de l'humanité... Rappelez-vous que le cristal est un être vivant... Prenez conscience que le cristal est un miroir de votre esprit. »

DHYANI YWAHOO, *Sagesse amérindienne. Traditions et enseignements des Indiens Cherokee*

Bien des animaux ont également une grande valeur symbolique et archétypale. Chacun représente une puissance spirituelle, c'est-à-dire un esprit et une énergie. En principe, d'ailleurs, chaque Amérindien engagé sur le chemin spirituel est en rapport avec un animal-gardien : s'imprégnant de son esprit et de son énergie, il y trouve aussi sa « médecine » et son lien privilégié avec la Puissance divine. Par exemple, le hibou est généralement reconnu pour sa sagesse, le bison pour sa force, l'élan pour sa douceur et le loup pour sa fidélité.

> « Le lien humain-animal est à la base de la sagesse amérindienne. Qu'ils vivent cette relation dans les nécessités quotidiennes ou qu'ils l'expriment dans les motifs ornant les objets usuels ou sacrés, les Amérindiens y traduisent toujours leur conception de l'univers et leur sens de la vie. Il y a ici une osmose homme-nature... »
>
> PROPOS D'HENRI DORION DANS *L'œil amérindien,*
> *regards sur l'animal*

Mais disons un mot de la tortue qui, avec l'aigle, tient certainement une place très importante. La tortue est cet animal qui avance toujours en douceur ; devant un danger, elle se retire en elle-même et n'en sort qu'une fois l'obstacle disparu. Amphibie, elle symbolise l'équilibre entre l'eau et la terre. Les cercles qu'elle porte sur sa carapace symbolisent Terre-Mère et même l'univers entier. L'aigle, pour sa part, est l'animal sacré par excellence, lui qui vole plus haut que tout autre oiseau : il apparaît comme le messager entre le Créateur et l'homme. Ses plumes sont largement utilisées dans les rituels religieux, en lien avec la pipe ou la coiffure, ou encore avec la fumée issue des herbes sacrées, pour l'aider tantôt à imprégner tout l'être des hommes et tantôt à monter vers le Ciel.

> « Un aigle s'éloigne brusquement et disparaît en un instant, aussi mystérieusement qu'il était apparu. Alors l'Ancien remercie le Créateur d'avoir une fois de plus reconnu ses enfants en leur envoyant – comme déjà tant de fois par le passé – le signe de sa puissance et de son amour. »
>
> PROPOS DE FRANK FOOLS CROW DANS HARVEY ARDEN
> ET STEVE WALL, *Les gardiens de la sagesse. Rencontres avec*
> *des sages Indiens d'Amérique du Nord*

« L'aigle vole plus haut dans le ciel que toutes les autres espèces, aussi est-il le plus proche du Créateur et sa plume est-elle la plus sacrée de toutes. »

Propos de Buffalo Jim dans Harvey Arden et Steve Wall,
Les gardiens de la sagesse. Rencontres avec des sages Indiens d'Amérique du Nord

Chapitre 9

Les cérémonies sacrées

La voie spirituelle traditionnelle des Amérindiens regorge de cérémonies à caractère sacré. S'inscrivant normalement dans les grands cycles cosmique et humain, ils renvoient à toutes les situations et à tous les « passages » importants de la vie. Quelles sont les significations données à l'ensemble de ces cérémonies ? Quelles sont celles qui paraissent les plus importantes ? Et quels éléments sacrés utilise-t-on dans l'accomplissement des rituels ?

La communion avec le Monde invisible

L'univers est tout entier traversé par une Dimension invisible qui le fonde et l'anime en permanence : on appelle cette dimension le Grand Mystère. C'est ni plus ni moins que la présence du Divin dans le cosmos. Le sens le plus fondamental de toute cérémonie sacrée se trouve donc là même : ouvrir la porte de l'âme humaine sur cet Autre Monde, intérieur à celui-ci ; renouveler la conscience de ce lien cosmique et humain avec le Divin ; rétablir l'harmonie avec l'Éternel agissant dans l'espace et le temps ; entrer en communion avec ce Monde des esprits ou des puissances spirituelles à l'œuvre dans le cosmos. La mystérieuse lumière du Grand Être peut donc briller dans ce petit fragment de l'espace et du temps qu'est un rituel sacré.

> « Les rituels sacrés sont destinés à maintenir un équilibre harmonieux entre les courants énergétiques du Soleil, de la Lune, de la Terre et de tout l'univers. »
>
> DHYANI YWAHOO, *Sagesse amérindienne. Traditions et enseignements des Indiens Cherokee*

Ancré de nouveau par la cérémonie sacrée dans la Dimension invisible du monde, l'être humain y trouve l'occasion de redynamiser, voire parfois de transformer radicalement, sa vie quotidienne. Il peut effectivement puiser dans le rituel sacré l'énergie et la conscience qui l'aideront à faire de son existence elle-même une profonde aventure spirituelle. Car la sortie rituelle du quotidien n'est pas une fuite. Le rite exprime ici, au contraire, la grandeur et la dignité d'un geste humain de la vie ordinaire, geste menacé par l'oubli de l'essentiel et par l'usure du temps. Il apparaît vraiment comme une mémoire de la Source originelle ou de « l'esprit » de tout acte. Dans ce contexte, il contient aussi, bien souvent de façon très explicite, le désir d'établir le lien avec le monde des Ancêtres, ces exemples et ces guides irremplaçables pour chaque personne engagée au cœur des vicissitudes de la vie quotidienne.

> « Le but de la hutte à sudation, c'est la purification par notre Mère la Terre. »
> LEONARD CROW DOG

La cérémonie sacrée amérindienne porte également, de manière parfois latente et parfois manifeste, une signification qu'on retrouve dans l'ensemble des grandes traditions spirituelles : « mourir pour devenir » ou encore « mourir pour renaître ». La chose ne surprend guère, puisqu'il s'agit là d'un processus fondamental qu'on retrouve à tous les paliers : dans le cosmos, dans le cycle de la vie et dans la voie spirituelle. Ce mode de développement de toute chose fait que du chaos peut effectivement sortir un ordre nouveau. Dans le domaine spirituel amérindien, c'est le lien entre la mort et la renaissance initiatiques, entre la souffrance et la rédemption, entre la purification et la guérison, ce dont témoignent des rituels comme ceux de la danse du Soleil, de la hutte à sudation et de la pipe sacrée.

Des « objets » sacrés liés à de nombreux rituels

Toutes les cérémonies rituelles amérindiennes s'accompagnent d'objets sacrés. Parmi eux, il y a d'abord des plantes, comme le foin d'odeur, le tabac, la sauge et le cèdre, avec lesquelles on pratique, en les brûlant, le rite d'aspersion de la fumée : c'est là un geste spirituel, une offrande au Créateur visant la purification du corps et de l'âme des participants, puis celle des quatre directions. Il y a aussi, par exemple, des plumes d'aigle ornant les coiffures d'apparat, indiquant manifestement la solennité de l'événement. Rappelons que l'aigle lui-même représente un messager du Grand Esprit, et ses plumes sont souvent un aspect ou l'autre du monde des esprits.

En accompagnement des prières, des danses et des chants généralement effectués dans un cercle sacré, on trouve principalement le tambour rappelant le battement de cœur de Terre-Mère, qui « déplie » tout ce qui existe et le « replie » en elle pour sans cesse le « déplier » et le « replier » autrement ; le hochet, qui invoque l'Esprit de la vie et les esprits des quatre directions et qui nettoie l'énergie ; le bâton de parole, qui permet à la personne qui le tient de s'exprimer, puis de le passer au suivant une fois qu'elle a terminé son propos ; des cornes, des griffes, des pièces de bois, des coquillages et des pierres ; le feu sacré et l'eau sacrée, qui jouent un rôle de purification et de renaissance. Tous ces éléments, empruntés à la nature ou fabriqués par la main de l'homme, forment l'essentiel des objets sacrés. Il n'y a ici ni cathédrales ni temples ni églises : rien d'autre que ce qu'offrent certains « lieux saints » ou « sanctuaires » de la nature et les huttes ou les tipis construits pour les cérémonies religieuses.

Il faut y ajouter ce que les Amérindiens considèrent comme leur propre autel portable : la pipe sacrée, précieusement gardée par un homme-médecine, et son rituel, qui accompagne de nombreuses cérémonies. L'aspersion de la fumée qui en émerge, fumée qui vient avec le souffle de ceux qui l'utilisent, est une offrande pieuse aux esprits des quatre directions, au ciel et à la terre ainsi qu'au Grand Esprit. C'est en même temps une purification spirituelle de l'atmosphère et de chacun de ceux qui se passent la pipe et s'aspergent de fumée dans un cercle, qui devient le centre du monde et le lieu du souffle même de l'Invisible. Le chemin de la pipe sacrée est une route longue et difficile à suivre, puisque c'est la voie spirituelle qui conduit dans l'autre dimension et qui appelle à entrer dans le Monde des esprits : là, la purification du cœur s'impose, tout serment doit être tenu, l'harmonie doit être recherchée, le respect de tout être est de rigueur et le partage est l'expression de la loi originelle.

> « Le chemin du calumet sacré est long et difficile, disait le *medicine man*. En effet, il s'agit d'un véritable chemin spirituel qu'on doit connaître et pratiquer. La spiritualité autochtone est basée sur la discipline personnelle, le sacrifice, la méditation, la solitude de la prière personnelle. Quand on fume le calumet sacré, on s'engage à vivre ces valeurs. On entre dans une alliance personnelle avec le Créateur. »
>
> ACHIEL PEELMAN, *Le Christ est amérindien*

Il y a de nombreuses autres cérémonies. Elles vont de la Danse de la grande médecine, pour l'initiation des nouveaux candidats au rôle de chaman, à la Danse des quatre points cardinaux, pour garder la résonance avec l'énergie de Terre-Mère. Elles vont aussi de la Cérémonie du don et de l'échange de cadeaux, rappelant la générosité du Créateur et celle que les hommes doivent pratiquer entre eux dans le non-attachement, à la grande cérémonie du pardon mutuel. Et il y a, par exemple, les rituels liés à la chasse et à la pêche, faits de demandes de pardon et d'actes de reconnaissance envers l'animal et d'actions de grâces adressées au Créateur.

> « Automne comme hiver, les Innus vivaient au gré des croyances. De la naissance à la mort, chacun s'adaptait aux rites et rituels pour marquer les différents temps et événements de la vie. Que ce soit pour implorer ou pour rendre grâce, le tambour, le temps même, les banquets, les sueries, les festins pour les morts, tout était prétexte pour les Innus (au XVIIe siècle) à honorer les esprits pour qu'ils les conduisent vers l'autre saison à venir. »
>
> JEAN-LOUIS FONTAINE, *Croyances et rituels chez les Innus,*
> *1603-1650*

Puis, il y a ces rituels de passage évoquant les saisons de la vie ou ces moments de mort-renaissance dans le grand cycle vital de l'homme, tel ceux de la puberté et de la mort, et ces autres rituels, plutôt rattachés au cycle cosmique : solstices et équinoxes, les premiers axés sur la lumière du Soleil et les seconds rappelant la fécondité (les récoltes) et la puissance recréatrice (les nouvelles germinations) de Terre-Mère.

Deux grandes cérémonies de mort et de renaissance

L'une des cérémonies sacrées les plus universellement répandues est celle de la hutte à sudation. Elle peut être réalisée isolément ou pour la préparation d'une autre cérémonie, comme avant une danse du Soleil ou une quête de vision. Que requiert-elle ? Un guide spirituel présidant la cérémonie, des participants qui ont entendu l'appel de la hutte à sudation, un feu sacré, un gardien du feu (un feu soigneusement préparé), des pierres choisies, la construction d'une hutte à sudation avec une porte unique à l'est et un trou creusé pour accueillir les pierres, un lit de sauge ou de sapin sur le sol, l'obscurité dans la hutte et de l'eau. Une fois les pierres chauffées à l'extérieur, on en apporte quelques-unes qu'on dépose dans le trou de la hutte ; dans l'obscurité la plus totale, l'eau qui sera versée sur les pierres chauffées créera la vapeur qui contribuera à produire la sudation chez les participants ; en cercle, on prie et on chante avec l'aide de tambours et de hochets, on confie sa souffrance ou sa joie et on s'accueille dans le respect. Le guide spirituel transmet ses enseignements et mène l'ensemble de la cérémonie qui comprend généralement quatre étapes, au début desquelles on dépose des pierres. La sortie d'un participant est permise à la fin de l'une ou l'autre de ces étapes. Et quand la cérémonie sera terminée, on s'aspergera d'eau froide.

> « La loge à sudation représente en même temps le sein maternel et le cosmos (la Terre-Mère). En revivant rituellement sa propre naissance, l'Amérindien contribue à la revitalisation de la communauté humaine et du cosmos. Par sa propre renaissance, il contribue à la restauration du Cercle sacré de la vie... En sortant de la loge, l'Amérindien s'exclame : *Toutes mes relations !*... Les participants ont restauré leur lien vital avec le Grand Mystère, eux-mêmes, les autres humains et tous les autres êtres vivants de l'univers. »
>
> ACHIEL PEELMAN,
> *Le Christ est amérindien*

Cette cérémonie, où alternent l'obscurité et la lumière, les cris de la souffrance et ceux de la joie, les moments de silence et les paroles du guide, est un symbole puissant de mort et de renaissance. Pour réaliser la purification et la guérison à la fois physiques et spirituelles, il inclut l'eau et les pierres (qui symbolisent les Ancêtres des participants), dons de Terre-Mère; le feu sacré, représentant «l'esprit» du Soleil; la vapeur répandue dans l'air, signe du souffle du Grand Esprit qui unit tous les participants en un seul Cercle sacré; le tambour, rappelant les battements de cœur de la mère, de l'enfant à naître et de Terre-Mère. La hutte elle-même est un symbole. Car, en ce lieu où se vit pour chacun des participants une mort-renaissance, on est tous ensemble réunis comme dans le sein maternel, comme dans le ventre de Terre-Mère et comme au centre même de l'univers, en communion avec le Monde des puissances spirituelles et celui des Grands-pères et des Grands-mères. Et on termine normalement la cérémonie en proclamant: «À toutes mes relations!»

> «Au baptême, nous substituons la purification par la vapeur, et dans notre sainte communion, nous partageons l'encens apaisant du tabac à la place du pain et du vin. Ces deux cérémonies sont les sacrements de notre religion.»
>
> CHARLES EASTMAN, *L'âme indienne*

La Danse du Soleil est une autre cérémonie, surtout pratiquée par les Indiens des Plaines. Au solstice ou au milieu de l'été, sous la direction d'un guide spirituel, on aménage un pavillon où aura lieu la danse. Au centre, un arbre sacré, dûment choisi par un saint homme et symbole de l'Arbre de vie, sera érigé. Puis, après les jeûnes et les purifications dans la hutte à sudation et après les invocations à «l'esprit» du Soleil, les danseurs, rattachés par des lanières à l'arbre sacré, danseront en cercle autour de celui-ci si possible pendant quelques jours, accompagnés des prières et des chants de la communauté, et ce, jusqu'à ce que leur chair en soit déchirée. Le tout se terminera généralement par une purification dans la hutte à sudation et par un banquet festif.

> «Les guerriers percent la peau de leur poitrine avec les épingles de bois qu'ils attachent avec les lanières à l'arbre sacré...

Les danseurs vont alors danser jusqu'à l'arrachement des lanières... Acceptant de souffrir ainsi, ils veulent prendre sur eux la souffrance de leur peuple, afin que le Grand Esprit prenne pitié d'eux et les protège. »

Luc Bourgault, *L'héritage sacré des peuples amérindiens*

Ici aussi sont liés la souffrance et la joie, la purification et la guérison, la mort et la renaissance. Ce rite sacrificiel, bien circonscrit par un guide spirituel, est d'une grande profondeur : le sacrifice le plus exigeant est justement l'offrande de sa propre chair et de soi-même, un sacrifice qui porte en lui l'expiation pour soi-même, la solidarité avec ceux et celles qui souffrent (notamment, les femmes qui donnent la vie dans la douleur) et l'action de grâces, toutes choses offertes au Grand Esprit.

Chapitre 10

L'appel cosmique à la prière

L'héritage spirituel amérindien donne une place importante à diverses formes de prière, qui apparaissent toutes, cependant, en lien avec «la mystique de la nature» qui en constitue le fondement. Que ce soit dans une participation à la grande liturgie cosmique, dans le silence méditatif ou dans l'action de grâces, la prière ne se déploie-t-elle point toujours à la manière d'une profonde respiration de l'âme dans l'air pur du Grand Mystère du monde?

La respiration de l'âme

Prier, c'est tout comme respirer, et respirer, c'est tout comme prier, dans une mystique de la nature. Il s'agit ici, justement, d'un souffle en profondeur qui rejoint l'âme elle-même, et jusqu'à ses racines naturelles et cosmiques, là où se cache l'énergie du Grand Mystère. En un sens, la prière purifie l'âme de celui qui prie, la faisant ainsi vibrer au diapason de l'Autre Monde présent en celui-ci. Elle envoie alors autour de l'âme, dans son cercle de relations, des vibrations venues de cet Autre Monde, vibrations si puissantes qu'elles contribuent à transformer ce monde-ci. En vérité, la prière suppose ici la reconnaissance d'une dimension invisible au fondement même de l'univers. Et c'est en cette dimension spirituelle que s'échangent les énergies les plus hautes, puisqu'à ce niveau tout est effectivement interconnecté.

> « La danse compte autant que la parole pour s'adresser aux esprits. Elle est l'une des formes favorites d'expression religieuse. La musique amplifie la prière. »
>
> PHILIPPE JACQUIN, *La terre des Peaux-Rouges*

Dans l'héritage spirituel amérindien, il n'y a pas de jour désigné pour la prière. Tous les jours sont des jours offerts gratuitement à l'homme par son Créateur; tous les jours sont les jours de Dieu. Ce sont, en conséquence, des espaces de temps où, à travers les gestes de la vie quotidienne, une prière humaine peut s'envoler vers le Monde des esprits. Car, justement, la prière est la conscience de cette présence et de l'action immanente du Divin au cœur de la vie quotidienne. Elle affirme, en fait, la réalité du Monde invisible et cherche à établir le contact avec lui; elle exprime le souhait d'entrer le plus possible, d'instant en instant, dans ce champ énergétique lumineux et infini. Et elle espère que, de là, seront données des orientations pour les choix et des forces pour les gestes de la vie quotidienne.

Le sentiment de gratitude

La religion révélée aux Ancêtres amérindiens affirme avant tout la révélation de la sagesse et de la bonté du Créateur dans sa création. La prière constitue une réponse humaine à cette révélation divine. Sachant recevoir l'offrande de Dieu en sa création, l'être humain doit à son tour savoir offrir, voire s'offrir lui-même. De là émerge cette profonde gratitude qui l'habite, ce sentiment affectueux de reconnaissance qui s'exprime dans de nombreuses formes de remerciement et d'action de grâces offertes au Créateur.

Merci pour les bénédictions de la création, disent ces prières! Merci à tous les êtres pour leur existence! Merci pour le don des plantes et des animaux, qui servent à la nourriture, à l'habillement et à la médecine du corps et de l'âme! Et merci pour toute cette sagesse et toute cette bonté à la source du cycle infini et sacré de la vie!

« Nous remercions le Créateur pour les fruits de la mer. Nous le prions de bénir cette nourriture, ainsi que tous nos descendants jusqu'à la septième génération. Puissions-nous leur laisser un monde meilleur que celui que nous avons reçu. »

PRIÈRE DE STARLEAF DANS HARVEY ARDEN ET STEVE WALL, *Les gardiens de la sagesse. Rencontres avec des sages Indiens d'Amérique du Nord*

On peut rendre grâces seul, mais on le fait très souvent ensemble dans les cérémonies rituelles. Alors, les chants, les danses et les offrandes de fumée se déroulent collectivement, dans la forme d'une authentique liturgie. Les prières témoignent ainsi de l'union mystique des cœurs reconnaissants, et non seulement de cette communion des cœurs dans le monde visible, mais également de la symbiose des cœurs des vivants terrestres avec les âmes des Ancêtres déjà entrés dans l'Autre dimension, qui est la dimension invisible de ce monde-ci.

La participation à la liturgie cosmique

L'Amérindien engagé dans la voie spirituelle de ses Ancêtres sait vivre en harmonie avec tous « ces endroits où Dieu s'est arrêté » et qui, en contrepartie, lui rendent hommage. Ce faisant, il participe à la grande liturgie cosmique, car c'est le cosmos lui-même qui, en tout premier lieu, célèbre Dieu. Le vrai mystique se joint à chaque créature qui chante et proclame, par son être même et du plus profond de « l'esprit » qui l'habite, cette gloire divine.

« Le soleil qui est si beau et brillant est un endroit où Dieu s'est arrêté. La lune, les étoiles, les vents, il s'y est arrêté. Les arbres, les animaux ont tous surgi où il s'est arrêté, et l'Indien pense à ces endroits et y envoie ses prières pour atteindre les endroits où Dieu s'est arrêté et y gagner son assistance et une bénédiction. »

Pieds nus sur la terre sacrée
(TEXTES RASSEMBLÉS PAR T.C. McLUHAN)

« L'homme qui s'est assis sur le sol de son tipi, pour méditer sur la vie et son sens, a su accepter une filiation commune à toutes les créatures et a reconnu l'unité de l'univers ; en cela il infusait à son être l'essence même de l'humanité. »

Pieds nus sur la terre sacrée
(TEXTES RASSEMBLÉS PAR T.C. McLUHAN)

> «*Tous les matins, Grand-père chantait et priait vers les Quatre Directions Sacrées, puis vers une cinquième, l'Esprit d'En haut, et vers une sixième, Grand-Mère la Terre.*»
>
> ARCHIE FIRE LAME DEER

Ainsi l'Amérindien qui chemine sur la voie spirituelle ancestrale s'unit-il au Soleil qui, tout comme les étoiles du ciel, proclame la lumière invisible ; à l'eau des rivières qui, comme du sang circulant dans des veines, célèbre la vie que Terre-Mère répand en toute chose ; au feu et aux plantes, qui permettent l'offrande de la fumée du tabac, de la sauge ou du cèdre au Grand Esprit ; aux vents des quatre directions qui révèlent, chacun à sa façon, la puissance spirituelle du Souffle divin. Et il se joint aux herbes, aux baies et aux oiseaux, qui tous accomplissent leur mission dans la création, ce qui lui rappelle son propre devoir sacré de réaliser lui-même sa raison d'être en ce monde.

« Tous les matins avant que la première lueur du jour perce l'obscurité, alors que le ciel et les montagnes n'étaient qu'une masse noire, Grand-père se levait et chantait ; il chantait pour les créatures de la nuit, pour la face cachée de la lune, pour l'étoile du matin, pour l'aube toute proche et pour un nouveau Cercle… Il annonçait la venue du Grand Esprit… Il chantait, priait vers les Quatre Directions Sacrées, puis vers une cinquième, l'Esprit d'En haut, et vers une sixième, *Unchi*, Grand-Mère la Terre. »

ARCHIE FIRE LAME DEER, *Le cercle sacré, mémoires d'un homme-médecine sioux*

Dans le silence du Grand Mystère

Le silence est une composante essentielle du chemin spirituel amérindien. Il est lié aux attitudes inséparables de recueillement intérieur et de contemplation des merveilles de la création. La solitude de l'âme entrée en elle-même est nécessaire à celui qui cherche à s'ouvrir aux mystères que contient la nature. C'est dire autrement que la vigilance intérieure est essentielle à celui qui entend saisir les leçons que lui offre l'ensemble des créatures. Car le silence qui atteint aux profondeurs de l'âme est semblable à une antenne permettant de capter, dans les phénomènes et les êtres visibles, les messages et les énergies que contient leur dimension invisible.

> « Si vous demandez au sage illettré : *Qu'est-ce que le silence ?*, il vous répondra : *C'est le Grand Mystère ! Le saint silence est sa voix !* Si vous demandez : *Quels sont les fruits du silence ?*, il dira : *Ses fruits sont le contrôle de soi, le courage authentique, l'endurance, la patience, la dignité et la vénération. Le silence est la pierre angulaire du caractère.* »

CHARLES EASTMAN, *L'âme indienne*

> « Écouter Dieu est également une façon de prier. Il faut écouter. Dieu nous parle en cet instant. »

HARVEY ARDEN, *Noble Red Man Mathew King,*
un sage Lakota

La nature, ce grand livre écrit par le Créateur, se lit au mieux dans le recueillement silencieux. La nature est en vérité une parole divine à écouter depuis son propre sanctuaire intérieur. La vraie retraite serait celle qui mène au silence qu'on peut vivre, seul, au sommet de la montagne ou dans le soleil matinal. Ce serait aussi celle qui conduit jusqu'au Témoin silencieux en soi-même, au moment même où l'on contemple ce qui naît autant que ce qui meurt dans le grand Cycle de la vie. Le silence cristallin du clair esprit, cet esprit qui a su purifier ses intentions, ses pensées, ses paroles et ses actions dans la vie quotidienne, ne serait-il point la plus belle des prières adressées au Grand Mystère ?

« Il ne faut pas oublier qu'après les prières nous avons cette vie à vivre, en compagnie de Dieu. C'est la partie la plus difficile. »

PROPOS DE MATHEW KING DANS HARVEY ARDEN ET STEVE WALL, *Les gardiens de la sagesse. Rencontres avec des sages Indiens d'Amérique du Nord*

Chapitre 11

La quête de vision

La quête de vision est une pratique importante de la voie spirituelle amérindienne. De quoi s'agit-il, au juste ? Une telle démarche est normalement proposée au jeune homme au moment de son entrée dans la vie adulte ; mais elle peut également convenir, par exemple, à quiconque est confronté à un moment de crise intérieure ou à une période exigeant un choix fondamental dans le cycle de sa vie. Nous verrons ici que ce rituel, qui s'inscrit lui aussi dans le mouvement de la mort et de la renaissance initiatiques, constitue un véritable voyage vers l'intérieur de soi-même. N'y implore-t-on pas une vision, une sorte d'expérience d'éveil, conduisant à la découverte de sa raison d'être au sein de la communauté et dans ce monde ? Une telle découverte s'avère des plus importantes, puisqu'elle exigera d'être accomplie dans les gestes de la vie quotidienne.

Le voyage vers l'intérieur

Cette démarche spirituelle s'effectue normalement avec l'assistance d'un chaman ou d'une personne reconnue comme sage. Après une purification physique autant que spirituelle dans la hutte à sudation, la personne concernée est amenée dans la forêt, sur une colline ou une montagne située à proximité. Là, dépouillée, entreprenant un jeûne, et réduisant au minimum ses mouvements, elle amorce son retour au centre d'elle-même et sa quête de vision ; là, en cet espace devenant sacré, le temps s'arrête et le monde grouillant des activités quotidiennes n'existe plus. Dans la solitude, le silence, la méditation et la prière, l'être en quête de vision lance ainsi, du plus profond de lui-même, un appel à l'inspiration divine. N'y a-t-il pas ici quelque ressemblance avec le jeûne du Christ au désert et peut-être aussi avec cette « veillée d'armes » qui précédait la consécration d'un chevalier au Moyen Âge ?

> « Lorsque nous voulons être guidés par la sagesse, nous nous rendons au sommet de la colline et parlons à Dieu. Quatre jours et quatre nuits, sans eau et sans nourriture… J'essaie de dire à Dieu au plus vite ce que je dois lui dire puis je me mets à l'écouter. »
>
> HARVEY ARDEN, *Noble Red Man Mathew King,*
> *un sage Lakota*

> « Renouant avec leur passé, de plus en plus d'adultes amérindiens ont recours à la quête de vision pour restructurer ou reconstruire leur vie, affirmer leur identité autochtone et approfondir leur démarche spirituelle. »
>
> RODOLPHE GAGNON, *Lettres amérindiennes*

Pendant quelques jours et quelques nuits (on parle de quatre, si possible), la personne sera attentive aux pensées qui lui viennent à l'occasion de ses méditations, puis à ses rêves et à ses songes, depuis longtemps reconnus par les Amérindiens comme porteurs de messages venus de l'Au-delà. Elle écoutera également les sons de la forêt et sera attentive aux animaux qu'elle pourrait y entrevoir, car tout peut devenir un signe ou une parole que livre le Monde des esprits. L'homme-médecine (le chaman) ou le sage qui coopère à la démarche entreprise aidera, par la suite, à vérifier l'authenticité des visions, à interpréter les expériences vécues et à bien lire les messages reçus. Car il importe de savoir s'il s'agit là des réponses du Grand Esprit à la demande de vision.

> « Né pour rêver, je suis celui qui cherche les esprits ! Les rêves m'accompagnent toujours. Tel le cristal des étoiles qui scintillent par les nuits d'obsidienne lustrée, ils me guident vers des buts que je dois atteindre, plongent en tourbillonnant jusqu'aux tréfonds de mon être... »

> ANNA LEE WALTERS, *L'esprit des Indiens*

L'expérience de l'éveil

Seule en son antre, sur la colline, la personne en quête de vision pourra connaître l'expérience de cet « état de conscience modifiée » ou de cette « conscience seconde » que l'héritage spirituel amérindien appelle, tout comme l'ensemble des grandes traditions spirituelles d'ailleurs, « un éveil ». Cet état d'éveil est un saut dans l'ordre de la perception, une porte de sortie vers le Monde invisible. Le chercheur de vision entre alors dans une zone de transition qui l'amène dans l'Autre dimension : le domaine de l'Esprit universel. En ce passage dans le mystère, il perçoit des longueurs d'onde qui n'ont rien à voir avec son monde familier. Il se sent effectivement relié à ce Champ invisible et infini d'énergie et de conscience, qui à la fois fonde et imprègne le monde matériel et tangible. Il a ainsi franchi un seuil vers l'Ineffable ; il est entré en synchronicité avec un monde parallèle ; il a été emporté, d'une certaine manière, au centre du monde.

> *« Chaque humain possède en lui une vision sacrée. »*
> GEORGES E. SIOUI

> « Une vision réussie soutenait un homme pour le reste de sa vie. Il avait toujours un esprit gardien auquel il pouvait faire appel pour l'aider et le conseiller. »

> PETER FARB, *Les Indiens, essai sur l'évolution des sociétés humaines*

Ce que l'homme expérimentera lors de cet état altéré de conscience pourra devenir pour lui une vision fondatrice ou un tournant spirituel, orientant le reste de son existence. Certaines de ces visions intenses et de ces profondes illuminations, telles celles de Black Elk, peuvent être interprétées comme l'appel de l'Au-delà à devenir un homme-médecine. Mais, généralement, l'extension de la conscience, vécue en cette retraite sacrée, apparaîtra plutôt comme le début d'une meilleure connaissance de soi, allant parfois jusqu'à cette conviction qu'on est véritablement en train d'entrer ou, parfois, de revenir chez soi.

Ainsi, grâce à une retraite loin des rumeurs du monde extérieur, l'œil de l'esprit s'est éveillé à une lumière intérieure en laquelle rayonne une Lumière divine. On pense ici à la célèbre formule de Saint-Augustin : «du monde extérieur vers le monde intérieur et du monde intérieur vers le monde supérieur» (*Ab extra, ad intra; ab intra, ad supra*). N'est-ce point là la démarche spirituelle de toute vraie quête de vision ?

> «Chaque humain possède en lui une vision sacrée, c'est-à-dire un pouvoir unique qu'il doit découvrir au cours de sa vie, dans le but d'actualiser la vision du Grand Esprit dont il est une expression. »
>
> GEORGES E. SIOUI, *Pour une autohistoire amérindienne*

La prise de conscience de sa raison d'être

Chacun de nous est appelé à livrer, en ce monde, son chant particulier. Le Grand Esprit en donne un à chacun. Pour connaître ce chant qui vient de la profondeur de son être et des talents cachés en lui-même, chaque être humain doit apprendre à faire le vide, à prier, à méditer, voire à souffrir dans le jeûne, le dépouillement et la solitude : voilà l'essence de cette démarche spirituelle qu'est la quête de vision. Elle vise à ce que l'individu prenne conscience de son propre devoir spirituel au sein de la communauté et même de sa vocation particulière dans le monde. Elle veut l'amener à vibrer à la mélodie de sa propre raison d'être.

> «Tout le monde a un chant. Dieu en donne un à chacun de nous. C'est comme ça que nous savons qui nous sommes.

Notre chant nous le dit... Quand Charlie avait trente-deux ou trente-trois ans, il a reçu son chant de guérison... dans une vision. »

Propos de Charlie Knight (Ute) dans Harvey Arden
et Steve Wall, *Les gardiens de la sagesse.*
Rencontres avec des sages Indiens d'Amérique du Nord

La quête de vision entend permettre au chercheur spirituel de donner une orientation à l'ensemble de sa vie quotidienne. Elle doit normalement l'aider à percevoir le sens de sa destinée et à comprendre le chemin à suivre. Tantôt elle pourra aussi lui être d'un précieux recours pour restructurer sa vie, car elle peut justement agir comme une profonde médecine. Tantôt elle pourra également favoriser la redécouverte de son identité autochtone, puisqu'elle contribue à ramener au centre de soi-même. Mais, toujours, la perspective de sa propre mission de service au sein de la communauté et de son rôle en ce monde demeure à l'horizon.

« On s'adonne à la quête de vision pour s'assurer qu'on accomplit vraiment la tâche pour laquelle on est venu ; pour comprendre la semence qui nous a plantés dans ce temps et cet espace ; pour comprendre l'énergie sacrée en nous et le guide angélique qui se tient à côté de nous... Chacun de nous arrive ici avec une raison d'être particulière. »

Dhyani Ywahoo, *Sagesse amérindienne. Traditions*
et enseignements des Indiens Cherokee

La réalisation de la vision

Chacun a la responsabilité de planter, dans le sol des événements de sa vie quotidienne, les semences spirituelles recueillies de sa quête de vision. Car sa vision se transforme normalement en devoir sacré. Et pour demeurer dans le courant de l'énergie issue du Monde invisible, il lui faut garder la claire conscience de sa destinée et y associer des actions dignes de la vision reçue (assez souvent, le don d'un nom nouveau et symbolique lui rappelle le sens de sa tâche). Il est, de la sorte, appelé à revenir constamment attiser sa flamme intérieure au feu sacré de sa vision, afin d'avoir le courage et la lucidité nécessaires pour affronter les exigences de son existence concrète et assumer l'ensemble de ses responsabilités au sein de la communauté.

Celui qui a reçu comme une grâce une telle vision de sa destinée a accueilli, par le fait même, son sac à médecine personnel. Il a donc aussi trouvé là les outils de sa guérison et de sa renaissance, pour tous les moments opportuns de sa vie. Son illumination lui a fait découvrir ou redécouvrir une relation appropriée avec tous ses proches et un équilibre dans ses rapports à tout ce qui l'entoure : ainsi le Monde invisible peut-il conspirer avec lui dans les décisions qu'il est appelé à prendre et dans les actions qu'il lui faut réaliser. S'il peut proclamer, à l'accomplissement de l'ensemble de ses gestes, la formule « À toutes mes relations », il se sait alors dans « la bonne route rouge », comme le dit Black Elk, cette route qui le ramène finalement à son Créateur.

> « Le postier comprit en un éclair (une vision) que la plume d'aigle (qu'il cherchait obstinément à obtenir depuis long-temps) était apparue à l'instant précis où il avait cessé de la guetter et s'était mis en paix avec le Créateur. Il avait finale-ment appris que la sagesse ne vient que lorsqu'on renonce à la chercher et qu'on commence à vivre pleinement la vie que le Créateur a choisie pour chacun de nous. »
>
> Propos de Leila Fisher (Hoh), dans Harvey Arden et Steve Wall, *Les gardiens de la sagesse. Rencontres avec des sages Indiens d'Amérique du Nord*

Chapitre 12

Dans la roue de médecine

La médecine amérindienne, comme toute autre médecine, poursuit la guérison de la maladie. Mais ses concepts de médecine et de guérison possèdent une large extension, incluant de façon inséparable le corps, la psyché et l'esprit (c'est-à-dire la dimension spirituelle) de la personne. En outre, cette médecine prend en considération autant le cercle de la vie humaine individuelle que l'énergie universelle et le grand cycle cosmique. Et ses remèdes ou les outils thérapeutiques qu'elle utilise, bien que très diversifiés, témoignent tous de leur enracinement dans les forces naturelles. Comment donc caractériser plus précisément cette médecine et sa représentation de la maladie et de la guérison?

Une médecine holistique

La médecine traditionnelle amérindienne est globale. Elle reconnaît que toutes les dimensions de l'être humain sont en interaction les unes avec les autres et qu'on ne peut soigner le corps d'une personne sans se référer à son intériorité affective, mentale et spirituelle. On dira aujourd'hui que c'est, à tout le moins, une médecine psychosomatique, qui traite la personne comme un tout. Pour elle, la vie humaine forme un continuum. N'en considérer qu'un aspect, isolément, est une abstraction qu'elle refuse de faire. Ce qui l'intéresse est le bien-être intégral de la personne. C'est pourquoi elle mettra en œuvre un ensemble de moyens, agissant sur divers plans et visant ainsi à purifier l'être entier.

> « Dans la culture amérindienne, le mot *médecine* est un concept englobant : il désigne quelque chose ou quelqu'un remplissant un rôle de communication entre le monde visible et le monde invisible ; il qualifie toute pratique visant à améliorer le lien qui unit chaque humain à lui-même, à tout ce qui vit et au Grand Mystère. »
>
> RODOLPHE GAGNON, *Lettres amérindiennes*

> « Le mot *médecine*, dans le vocabulaire amérindien, est utilisé pour désigner quelque chose ou quelqu'un remplissant un rôle de communication entre le monde visible et le monde invisible. »
>
> AIGLE BLEU, *Le sentier de la beauté*

Cette médecine traditionnelle est holistique, en ce sens que toutes les dimensions de l'être y sont prises en compte dans la lecture de la maladie et de la guérison : bien avant que la science moderne l'affirme, elle savait d'instinct que le Tout transcende la somme de ses parties.

« Quand je donne des soins à quelqu'un, je m'occupe de la personne tout entière : du spirituel, du mental et du physique. »
QUICK BEAR

Elle est également holistique parce que, du même souffle, elle appelle la personne à assumer la responsabilité globale de sa vie et s'attache à l'épanouissement individualisé. Elle exige, en effet, que chacun contribue à sa guérison, par l'ensemble des gestes de son existence quotidienne, sur quelque plan que ce soit. Ce n'est donc qu'en marchant constamment « en son propre sentier de médecine » et en accomplissant la destinée à laquelle le Créateur l'appelle, que chacun peut trouver l'harmonie en lui-même, avec les autres et dans l'ensemble des relations avec son environnement : ce qui est à proprement parler le chemin de la guérison et de la santé.

« Quand je donne des soins à quelqu'un, je m'occupe de la personne tout entière, du spirituel, du mental et du physique. Je me sers du pouvoir que j'ai reçu et du pouvoir des plantes, et il doit aussi y avoir un peu de pouvoir chez le ou la malade pour entraîner la guérison… Il doit utiliser ce qu'il trouve de *wakan*, de *saint* en lui. Je ne soigne pas qu'une partie de sa personne ; je dois m'occuper de l'ensemble du corps et de la totalité de l'esprit. »

PROPOS DE GRAND-PÈRE QUICK BEAR DANS
ARCHIE FIRE LAME DEER, *Le cercle sacré, Mémoires
d'un homme-médecine sioux*

Une médecine énergétique

La médecine amérindienne traditionnelle est une médecine énergétique, largement transmise de façon orale depuis probablement quelque cinq mille ans. Elle est basée, chez la personne qui souhaite la guérison, sur le rétablissement de sa communion avec les puissantes énergies cosmiques. Chacun y est vu, en un sens, comme un voyageur cosmique, vivant son périple sur terre sur le modèle des cycles du soleil et de la lune et ceux du jour et de la nuit, en lien avec les puissances des quatre points cardinaux et avec celles des quatre saisons. Sa roue de médecine tourne avec celle du Pouvoir infini de l'univers.

« Pour les Indiens d'Amérique, le mot *médecine* signifiait *pouvoir* – l'énergie sacrée qui peut être attirée et dirigée – et *totalité*. Médecine signifiait aussi *connaissance*. La Roue Médecine pourrait être définie comme un Cercle de connaissance qui restaure l'intégrité et donne pouvoir sur sa vie. »

KENNETH MEADOWS, *La voie médecine, la voie chamanique
de la maîtrise de soi*

Aussi cherche-t-on d'abord à purifier les énergies de la personne, son atmosphère tant extérieure qu'intérieure, afin que circulent à nouveau en elle, tel le sang dans les veines, les vibrations de tous ces profonds courants cosmiques. Car il y a, dans le corps et dans l'esprit, des empreintes toxiques, des traumatismes, des blessures, des douleurs et des sentiments négatifs qui bloquent la libre circulation de ces énergies primordiales venues des pierres, des plantes et des étoiles. La bonne roue de médecine cherchera à transmuter les émotions destructrices en forces créatrices, la vengeance en compassion, la peur en confiance, l'obstacle en occasion, la discorde en harmonie, la blessure en leçon de vie et, finalement, toutes les énergies sombres en ces énergies lumineuses qui relient au Monde des puissances spirituelles.

> « Don Antonio (chaman) dit : Je n'ai fait qu'entretenir un espace sacré dans lequel tu as expérimenté l'infini. Tu as toi-même accompli le travail véritable... Une formidable guérison se réalise lorsque nous communions avec les énergies puissantes du monde lumineux. C'est un processus durant lequel vous cessez de vous identifier à votre soi limité et faites l'expérience d'une union infinie avec le Créateur et la Création. »

> ALBERTO VILLOLDO, *Chaman des temps modernes,*
> *L'art de la guérison par la médecine énergétique*
> *des autochtones d'Amérique*

> « La bonne médecine est spirituelle et va au-delà du simple traitement du corps. Elle suppose que nous maintenions notre lien avec l'Univers et que nous suivions notre chemin sur terre. »

> DAN RUTLEDGE ET RITA ROBINSON, *Le chant de la terre,*
> *la spiritualité des Amérindiens*

De fait, les feux de l'énergie cosmique transformée en énergie humaine circulent le long de cet arbre intérieur qu'est la colonne vertébrale : issus d'en bas, de la terre, ils y montent ; venus de là-haut, du ciel, ils y descendent. La tâche médicale, visant la guérison, consiste à harmoniser en la personne ces courants ascendants et descendants : les forces d'enracinement et celles d'envol, les pouvoirs féminin et masculin, l'appartenance au monde invisible et immatériel et l'insertion dans le monde visible et matériel.

Le retour dans le Cercle de la vie

La guérison la plus radicale consiste à faire se rencontrer le déroulement de l'existence individuelle et le Cercle sacré de la vie. Car bien souvent, ce qui est brisé en profondeur, c'est bel et bien le lien, l'harmonie ou l'unité entre la personne et le chemin qu'elle est appelée à suivre autour de la grande Roue de la vie. L'être en voie de guérison apprend à déchiffrer le chemin qui est le sien et à faire le tour de la Roue en recevant de la vie elle-même, jour après jour, ses plus grandes leçons : qu'il lui faut lutter avec courage malgré les obstacles, poursuivre la sagesse à travers les difficultés de son existence et aimer d'un amour de compassion tout être qui souffre autour de lui. C'est dire que ses pas tout autour de la Roue lui font trouver sa propre médecine, le transforment et le rapprochent du rôle qu'il est appelé à jouer ici et, finalement, le conduisent à ce qu'il doit vraiment être en ce monde.

> « Le message de la roue-médecine à chacun de nous est que nous marchions tous autour du cercle de la vie. Son observance est un rappel du caractère sacré des pas sur la voie... »
>
> DHYANI YWAHOO, *Sagesse amérindienne. Traditions et enseignements des Indiens Cherokee*

Chacun de ceux qui souhaitent entreprendre le voyage de la guérison a besoin de trouver son chant et de l'exécuter en lien avec les chants de tous ses compagnons de route. Et il doit aussi le déployer en syntonie avec les plus hautes vibrations sonores et lumineuses qui viennent de la nature et du cosmos, comme autant de messagers du Grand Mystère. Il faut guérir tous les cercles brisés où l'on circule : rétablir des liens harmonieux avec soi-même, les autres, la collectivité, la Terre-Mère et le Grand Mystère cosmique. Tout traitement thérapeutique particulier s'inscrit normalement sur cette toile de fond. Le Cercle de la vie est, à n'en point douter, une grande Roue de médecine.

> « Dans la Roue-Médecine, nous voyons en chaque action de chaque étape de notre vie que nous sommes en relation avec la Terre et que nous suivons tous un sentier avec d'autres personnes. »
>
> DHYANI YWAHOO, *Sagesse amérindienne. Traditions et enseignements des Indiens Cherokee*

Des « remèdes » naturels

Cette médecine holistique et énergétique, liée au Cercle sacré de la vie, ne met en œuvre que des traitements thérapeutiques qu'on peut qualifier de « naturels ». Elle s'édifie, en tout premier lieu, sur ce qu'on reconnaît comme les dons offerts à l'homme par Terre-Mère, dans sa bonté et sa sagesse : des pierres, des plantes, des animaux.

> « Nous avons tous notre médecine personnelle et des affinités particulières avec certains éléments dans les mondes animal, végétal et minéral... Chacun de nous a son animal-gardien, sa plante-gardienne, son minéral-gardien. »

> Aigle Bleu, *Le sentier de la beauté*

Il y a ainsi des pierres médicinales qui, tel le quartz cristallin, dégagent un champ énergétique lumineux pouvant contribuer à la guérison autant physique que psychique. De telles pierres répandent autour d'elles des vibrations bienfaisantes ; elles possèdent une réelle puissance spirituelle. De même, par leurs formes, leurs couleurs, leurs stries et, pour certaines, par leur transparence et leur limpidité, elles deviennent des miroirs de la sagesse qui doit habiter nos intentions, nos pensées, nos paroles et nos actions.

Et que dire de toutes ces herbes et ces plantes, sauvages ou cultivées, auxquelles la médecine amérindienne traditionnelle a reconnu une valeur thérapeutique, autant physiologique que spirituelle : la sauge, le cèdre, le tabac, le foin d'odeur, par exemple ! Les Amérindiens ont aussi découvert, au fil des siècles, des arbustes aux effets laxatifs et purgatifs ; la quinine, extraite de l'écorce de quinquina ; l'écorce d'un pin éloignant le scorbut ; le curare qui, utilisé à petite dose, produit la décontraction et l'anesthésie ; des breuvages à base d'écorce de peuplier ou de saule qui, proches de l'aspirine, luttent contre les maux de tête ; des onguents, des pommades, des gelées utilisant des plantes qui aident à guérir les plaies, protègent les blessures ou accélèrent la guérison. Plusieurs de ces remèdes offerts par la nature sont à la source de la pharmacopée moderne ; ils sont ni plus ni moins qu'un don des Amérindiens à la médecine occidentale.

La médecine de Terre-Mère fait aussi place aux animaux. Chaque animal y possède sa médecine propre, qui peut lui venir, par exemple, de l'huile que contient sa peau. Mais cette médecine est généralement rattachée à l'énergie et à la sagesse instinctive qui l'habite. Ainsi, l'ours, le castor, le loup, le hibou ou l'aigle ont chacun une qualité d'être, un «esprit», une puissance spirituelle, qui peut être imitée et partagée par l'être humain et qui, pour autant, peut l'aider dans sa quête de guérison. C'est aussi pour participer à ce pouvoir animal et à sa valeur médicinale qu'on gardera avec soi, par exemple, des dents d'élan, des griffes de loup, des serres ou des plumes d'aigle.

> «Les Indiens d'Amérique du Nord utilisaient l'écorce du peuplier et du saule pour fabriquer un breuvage capable de guérir les maux de tête et les petites douleurs. Ce n'est que des siècles plus tard, avec la découverte de l'aspirine extraite du goudron de houille, que l'on découvrit que la substance active des écorces, la salicine, ressemblait de très près à ce que nous connaissons sous le nom d'aspirine. Un médicament aussi courant est un bon exemple de nombreux dons faits par les Indiens d'Amérique à la science médicale occidentale et que celle-ci ne voulut pas reconnaître, s'obligeant à redécouvrir ces remèdes par des recherches coûteuses et laborieuses.»
>
> JACK WEATHERFORD, *Ce que nous devons aux Indiens d'Amérique et comment ils ont transformé le monde*

La médecine traditionnelle amérindienne utilise généralement ces pierres, ces plantes et ces parties d'animaux dans ses rituels de guérison. Mais elle y ajoute, outre des prières chantées et des danses en cercle, des objets que l'homme a fabriqués et dont la valeur thérapeutique est reconnue. Qu'on pense au tambour, pour entrer en communication avec la pulsation cosmique ; au hochet, pour appeler les puissances spirituelles des quatre directions ; au capteur de rêves, pour éloigner les mauvais rêves. Et n'oublions pas cet outil très important qu'est la hutte à sudation en laquelle sera vécu un traitement médical à la fois physique, psychique et spirituel : c'est probablement là l'un des plus beaux symboles d'une médecine holistique, énergétique et naturelle, s'inscrivant dans le grand Cercle de la mort et de la renaissance.

Chapitre 13

Le destin particulier du chaman

Au cœur de la voie spirituelle amérindienne, il y a ce personnage qu'on appelle « l'homme-médecine » ou « le chaman ». Plusieurs autres qualificatifs peuvent traduire sa mission : le sage, le voyant, le guide spirituel, par exemple. En fait, le chaman accompli exerce un peu toutes ces fonctions, au service de l'ensemble de sa communauté et en réponse aux besoins particuliers des personnes qui s'adressent à lui. Il nous semble que quatre mots peuvent dire l'essentiel de ce qu'il représente : initié, sage, passeur et guérisseur. Qu'en est-il, au juste ?

L'initié

Nul ne s'improvise lui-même chaman. Il lui faut normalement être initié par un autre chaman, qui lui transmet son savoir et qui officialise finalement son intronisation dans une démarche rituelle. La communauté aussi doit le reconnaître. En un sens, il ne choisit pas ; il est « choisi ». Mais, il lui est nécessaire d'avoir déjà entrepris personnellement une sérieuse quête de vision, en laquelle il aura pris conscience d'un appel à exercer cette mission. Il aura découvert, dans cette expérience d'éveil intérieur qu'il interprétera avec l'aide du chaman qui l'accompagne, la voie que lui réserve le Grand Esprit.

> « *Les chamans comprennent qu'ils sont avant tout des voyageurs ayant entrepris un grand périple dans l'Infini.* »
>
> ALBERTO VILLOLDO

Alors, une démarche d'autoguérison, parfois amorcée depuis plusieurs années, s'ensuit de toute manière pour le futur chaman : car celui qui, justement, deviendra guérisseur et conseiller spirituel ne peut éviter un profond nettoyage de ses propres énergies. Ce médecin du corps et de l'âme doit d'abord pratiquer la médecine sur lui-même. Et il lui faut avoir appris au cours des ans, et maintenant plus que jamais, à transmuter ses blessures personnelles en pouvoirs spirituels et à transformer les obstacles rencontrés sur son chemin en occasions de progrès. Il y a ici une mort et une renaissance dans les profondeurs de l'être, qui sont souvent symbolisées et ritualisées dans la mort et la renaissance initiatrices du chaman.

« Le chaman acquiert son sac à médecine durant le processus de sa propre guérison. Chaque pierre représente une blessure transformée en une source de sagesse et de courage. Durant le processus, il nettoie son champ d'énergie lumineux… Libéré de l'emprise des empreintes du passé, il peut maintenant être informé par la personne qu'il est en train de devenir.

ALBERTO VILLOLDO, *Chaman des temps modernes,*
L'art de la guérison par la médecine énergétique
des autochtones d'Amérique

Initié et acceptant sa mission, le futur homme-médecine doit montrer, en quelque façon, qu'il est depuis longtemps un voyageur cosmique et qu'il a appris à goûter aux énergies de l'Infini et à travailler avec elles. Car une partie de son être est entrée dans l'Autre dimension, là où lui-même ira puiser ses énergies guérisseuses. Mais il lui faut également avoir découvert concrètement le « chant de guérison » particulier que lui réserve le Monde des puissances spirituelles, c'est-à-dire les gestes qu'il privilégiera, l'animal qui l'inspirera, les herbes qu'il utilisera, ses prières, ses danses et le contenu de son sac de médecine (pierres et herbes médicinales, onguents, pipe, hochet, tambour…).

«Les chamans comprennent qu'ils sont avant tout des voyageurs ayant entrepris un grand périple dans l'infini.»

ALBERTO VILLOLDO, *Chaman des temps modernes,*
L'art de la guérison par la médecine énergétique
des autochtones d'Amérique

Le sage

Le chaman accompli est reconnu par sa communauté comme un sage. Il apparaît comme l'un des chaînons dans la grande chaîne de la transmission de la sagesse ancestrale et comme l'un de ses principaux gardiens et interprètes. Les racines de sa sagesse poussent dans le sol sacré de son héritage spirituel. C'est depuis ce lieu qu'il a appris à puiser à la Source et à vivre sa communion avec le Monde des esprits; puis à interpréter cette illumination qui lui a permis de percevoir en lui et autour de lui les lumières d'un Champ infini d'énergie et de lumière.

Guide spirituel, être humain d'une haute spiritualité ayant accédé à une vision pénétrante du cosmos et de l'être humain, le chaman accompli rappelle à chacun qu'il peut, lui aussi, purifier son souffle et clarifier sa pensée. Possédant généralement le puissant magnétisme du leader spirituel, il n'impose aucunement ses services; il les offre. Il exerce donc plutôt son influence dans le domaine de la conscience par sa sagesse, son chant, sa musique, ses prières ou ses conseils. Il aide ses frères et ses sœurs à déchiffrer le sens de leur vie, à s'ouvrir à leur propre chant et à percevoir en eux-mêmes quelque aspect du pouvoir et de la sagesse du chaman.

«Comme gardien de la sagesse amérindienne, chaman, tu vis en accord intime avec le Créateur la destinée qu'il a choisie pour toi. Avec les sages d'autres cultures et les saints d'autres spiritualités, tu es l'énergie spirituelle du monde, la conscience du monde.»

RODOLPHE GAGNON, *Lettres amérindiennes*

L'homme-médecine possède cette qualité du visionnaire, qu'on remarque chez le saint homme Black Elk. C'est un voyant qui a placé sa conscience dans l'Axe du monde. Voyageur et même pèlerin dans les quatre directions de l'univers, puis vers le haut du ciel et le bas de la terre, il en a pressenti la Dimension cachée, cette Réalité invisible qui semble trop inconnue des autres hommes. Ayant ainsi entrevu le Monde des esprits, il l'a interrogé et il a compris que ce monde-ci est bien plus vaste que sa réalité visible et matérielle.

> Au cours des deux décennies passées avec les chamans dans les jungles et les montagnes des Andes, j'ai découvert que je n'étais pas que chair et os, mais que j'étais esprit et lumière. Cette révélation s'est répercutée dans chaque cellule de mon corps. Je suis convaincu qu'elle a changé la façon dont je guéris et que je vieillis, de même que la façon dont je mourrai. L'expérience de l'infini est au cœur du processus d'illumination, qui est la pratique de guérison essentielle… »
>
> ALBERTO VILLOLDO, *Chaman des temps modernes,*
> *L'art de la guérison par la médecine énergétique*
> *des autochtones d'Amérique*

Le chaman est l'homme de l'éveil, de la seconde vue ou de la seconde attention, ce plan de conscience dont l'horizon s'étend jusqu'à l'Infini. Dans sa sagesse, il est celui qui a saisi la relation cachée existant entre tous les êtres. Comme prophète, il est celui qui a pris conscience des aspirations les plus profondes du cœur humain et qui rappelle à chacun la nécessité du retour à l'observance des Instructions originelles. Comme voyant, il interprète les signes de la vie et parfois les songes de la nuit ; il regarde en profondeur et il voit venir les choses ; et son regard se porte loin dans l'avenir comme dans le passé.

Le passeur

Après s'être purifié dans la hutte à sudation, le chaman entonne son chant propre et son offrande de fumée pour appeler le Monde des puissances spirituelles du cosmos. Dans son rituel de remontée vers cette Source cosmique, il peut, par exemple, s'identifier à « l'esprit » bienfaisant d'un animal jouant le rôle d'un intermédiaire, communier avec « l'esprit » guérisseur d'une plante médicinale ou se mettre en résonance avec « l'esprit » lumineux du cristal. Sa proximité avec la nature lui permet d'entrer en contact avec ces puissances invisibles avec lesquelles il semble avoir conclu un pacte. Toujours, il s'agit donc d'abord pour lui de rejoindre l'Autre dimension de la réalité, où loge d'ailleurs l'âme des Ancêtres, car il a reçu le don d'entendre ses messages, d'entrevoir sa lumière et de capter son énergie.

Fort de son alliance avec le Monde invisible, il devient un véritable médiateur. Il est celui qui, humble et vidé de soi, peut devenir un canal faisant monter la prière humaine vers le Grand Esprit et faisant descendre la grâce divine dans le monde visible. C'est un passeur qui aide les gens à réunir en eux-mêmes les deux rives : celle du monde visible et celle du Monde invisible. On en parle comme de quelqu'un d'élu par le Créateur et par la communauté, et qui doit jouer le rôle d'un porte-parole, recevant des signes de l'Autre monde et lui envoyant les signes de ce monde-ci. En un mot, c'est un pont qui relie l'humain et le Divin : il présente au Grand Esprit les requêtes humaines et il laisse venir, à travers sa médiation, l'énergie et la lumière divines.

> « (Il y a) trois grandes lois du chamanisme : être centré, être vide et accepter de servir de canal afin que des choses se réalisent... Tout se fait à travers nous. Nous sommes la flûte dont se sert le Créateur pour faire naître sa musique. »
>
> AIGLE BLEU, *Le sentier de la beauté*

Le chaman peut accompagner l'enfant qui naît et qui amorce sa destinée spirituelle en ce monde, l'homme mûr en quête de vision et du sens de sa vie, puis le mourant sur le chemin du retour des âmes vers le Monde des esprits. En somme, en tant que médiateur entre l'ici-bas et l'Au-delà, il est un maillon essentiel dans cette grande chaîne spirituelle qu'est le Cercle sacré de la vie ; et en tant que réconciliateur du ciel et de la terre, il ouvre la porte qui permet la communication entre les âmes souffrantes et les esprits secourables.

> « Medium et guérisseur, le chaman inuit connaît et parle la langue mystique et sacrée des esprits : langage ésotérique inintelligible aux non-initiés... Il doit subir des épreuves initiatiques pour accéder à la vision pénétrante... Tel un mage, il acquiert une conscience immédiate des réalités cachées, explore l'inconnu et devient un passeur d'énergie. »
>
> GIULIA BOGLIOLO BRUNA, *Apparences trompeuses*

Le guérisseur

L'homme-médecine exerce son pouvoir de guérison sur le corps et sur l'esprit inséparablement. Entré dans l'espace sacré de sa rencontre avec le Divin, il s'agit alors pour lui d'aider la personne malade à rétablir l'équilibre en son être et à retrouver son harmonie avec l'univers. Sa tâche est ainsi, d'une part, de favoriser la libération de l'énergie de guérison contenue dans le corps et l'âme du patient et, d'autre part, d'aider ce dernier à s'ouvrir, du même mouvement, au Champ d'énergie cosmique et divine. Généralement connaisseur des pierres énergétiques, des racines nutritives, des plantes médicinales, des onguents à base de substances résineuses et des huiles essentielles, il est aussi le guide indiquant la bonne médecine et le bon chemin pour l'âme. Pour soigner, il a donc su sonder tout autant la sagesse de Terre-Mère que les aspirations profondes du cœur humain.

> « Le chaman : celui qui sait... Il a un pouvoir guérisseur... Il est le conservateur des connaissances acquises au cours du temps par son peuple... Il a aussi pour fonction l'interprétation des signes de la vie... Il est l'intermédiaire entre le monde des esprits et celui des humains. »
>
> PATRICK RAJOTTE ET YVON R. THÉROUX,
> *La spiritualité amérindienne*

« Médecin aux mains et aux pieds nus », il peut utiliser sa pipe sacrée pour la communion avec le Grand Esprit, les bains de vapeur pour la purification de l'être entier, l'imposition des mains pour la transmission d'une énergie physique et spirituelle, des herbes produisant des fumées parfumées qu'il diffuse avec sa plume d'aigle pour épurer l'atmosphère entourant le corps et l'âme, des chants pour guérir les cercles brisés et des danses pour ramener dans le Cercle sacré de la vie. Avec l'aide spirituelle des esprits lumineux des guérisseurs morts et de tout le Monde invisible, il s'efforce à toucher la maladie. C'est ainsi qu'il cherche à bien repérer les empreintes laissées par les blessures tant extérieures qu'intérieures et qu'il appelle sur elles les plus pures énergies et les plus hautes vibrations de la guérison.

«Dans la beauté, je marche. Avec la beauté devant moi, je marche. Avec la beauté derrière moi, je marche. Avec la beauté au-dessus de moi, je marche. Avec la beauté autour de moi, je marche. La beauté est revenue!»

CHANT DE GUÉRISON D'UN CHAMAN NAVAJO,
DANS THIERRY JANSSEN, *La maladie a-t-elle un sens ?*
Enquête au-delà des croyances

TROISIÈME PARTIE

L'éthique

Chapitre 14

La transmission des valeurs

L'héritage de la sagesse amérindienne est transmis oralement de génération en génération depuis des millénaires. Cela signifie qu'il y a des personnes reconnues par les communautés comme étant chargées de rappeler aux gens les valeurs fondatrices et les principes fondamentaux qui devraient guider leur vie quotidienne et les garder ainsi sur la bonne voie. Qui sont donc les dépositaires de cet héritage ancestral ? Et à quel titre sont-ils responsables de sa transmission ?

Les érudits de la vie

La sagesse de l'homme rouge puise encore aujourd'hui aux leçons apprises au cours des siècles par les Ancêtres. Ces enseignements, les sages et les aînés les ont constamment recueillis, d'abord et avant tout, de ceux qui les avaient précédés dans le temps, et ils ont su les inscrire en leur cœur. Ils étaient les réceptacles vivants des pensées, des légendes et des pratiques ancestrales. Puis, tous ces enseignements, ils les ont eux-mêmes confirmés et enrichis en leur propre expérience humaine et spirituelle. Enfin, en toutes circonstances appropriées, ils les ont généralement transmis de vive voix à leurs descendants. Voilà pourquoi le Chef Seattle a pu dire : « La terre est aujourd'hui riche de la poussière de nos Ancêtres. »

> « Il était prédit par les Anciens que l'homme blanc détruirait le peuple rouge, qui, pendant longtemps, serait comme mort dans la poussière. La prophétie disait alors que, à la cinquième génération, la voix des Ancêtres serait entendue. Cette voix est celle qu'on entend partout aujourd'hui en Amérique du Nord. »
>
> Luc Bourgault, *L'héritage sacré des peuples amérindiens*

Tel est le cycle amérindien de la transmission des valeurs. Des milliers d'années de sagesse coulent encore aujourd'hui en la parole des sages et des aînés. Et la sagesse ancestrale, entretenue et perpétuée même sur le chemin des larmes et de la dépossession, continuera sans doute son périple. Ce sera à travers tous les gardiens de ce feu sacré, à leur tour reconnus comme de véritables guides, à cause justement de leur conscience élargie, de leur accomplissement spirituel et de leur enracinement dans la nature. Seuls ou en Conseil des sages et des anciens, ils poursuivront leur tâche de conseiller spirituel, devant aider avec compassion à résoudre les conflits et indiquer sans autoritarisme les voies à suivre.

> « Alors que le peuple commençait à oublier certains des sages enseignements, revint dans les Smoky Mountains, au peuple des Tsalagi (Cherokee), celui que nous appelons le Pâle… Il ralluma les feux sacrés et réaffirma les principes fondamentaux de la création… Il rappela aux gens comment vivre en harmonie avec ces vérités fondamentales de la création… Le Pâle est un être qui s'incarne de façon cyclique. Il vient lorsque les gens ont oublié leurs pratiques sacrées, leur rappelant la Loi, et ramenant tout le monde à une relation juste. On s'attend à le revoir bientôt, et il est peut-être déjà en vie. C'est bien. »
>
> Dhyani Ywahoo, *Sagesse amérindienne. Traditions et enseignements des Indiens Cherokee*

Ce que rappellent et transmettent ces « érudits de la vie humaine », ayant aussi appris à « l'université de la nature », ce sont les valeurs premières délaissées, les lois naturelles oubliées et les Instructions originelles négligées. En ce sens, ils sont les lieux de la mémoire et de la conscience. Ne sont-ils point à l'écoute, en effet, aussi bien des enseignements des Ancêtres et des secrets du cœur humain que des leçons livrées par l'esprit des pierres, des plantes et des animaux ?

> « Lors d'une célébration où ils reçoivent officiellement le titre d'aînés, chacun d'eux se présente pour affirmer sa volonté de contribuer par sa sagesse et son expérience à l'avenir de la communauté. Ils portent pour l'occasion un vêtement rituel sur lequel figurent les grands moments de leur vie et de leur médecine. »

Aigle Bleu, Le sentier de la beauté

> « Les anciens ont recueilli les fruits de la vie qui passe. Réceptacles vivants des légendes ancestrales, ils sont devenus *des érudits de la vie,* leurs conseils sont gages d'harmonie. »

Jean-Patrick Costa, L'Homme-Nature ou l'alliance avec l'univers, Entre indianité et modernité

Un art de vivre au présent

Les aînés et les individus reconnus comme sages enseignent la nécessité de retrouver, dans le quotidien, le chemin qui mène à la Source. Ils rappellent à chacun qu'il est sur cette terre pour réaliser ici et maintenant sa raison d'être et, ainsi, vivre en lui-même le Grand Mystère. Ils l'aident à prendre conscience que la graine de sa destinée est cachée en lui : c'est son potentiel spirituel. C'est en l'actualisant, jour après jour et dans la fidélité aux leçons transmises, qu'il fera comme il convient le tour du Cercle de la vie.

> « J'avais appris d'une femme illettrée l'essence de la moralité. Avec l'aide de la chère Nature elle-même, elle m'apprenait des choses toutes simples mais d'importance capitale. Je connaissais Dieu. Je comprenais ce qu'était la bonté. Je voyais et j'aimais ce qui est réellement beau… Enfant, je savais donner. »

Charles Eastman, L'âme indienne

La même sagesse ancestrale peut être ajustée aux circonstances et aux époques différentes. S'en inspirer, c'est reconnaître le pouvoir qu'elle peut exercer dans la création du présent. Avec son aide, on peut alors lire les expériences de chaque jour comme autant de pistes ou de signes en lesquels se révèle et s'accomplit le sens de la vie.

Pour la suite du monde

L'héritage moral ancestral, que véhiculent les sages et les aînés, peut être conçu comme un cadeau à offrir aux enfants et aux petits-enfants, pour la suite du monde. Il y a ici, en effet, une sagesse pour les générations à venir. Et, de fait, cela concerne chacun, puisque chacun sera l'ancêtre de ceux qui ne sont même pas encore nés.

> « Je répète toujours : *Apprenez aux enfants*. Les Grands-pères et les Grands-mères sont dans les enfants. Si nous les instruisons correctement, ils seront demain plus sages que nous le sommes aujourd'hui. Ils sont les Grands-pères et les Grands-mères de la prochaine génération. »
>
> PROPOS D'EDDIE BENTON-BANAI (OJIBWAY) DANS HARVEY ARDEN ET STEVE WALL, *Les gardiens de la sagesse. Rencontres avec des sages Indiens d'Amérique du Nord*

Lorsque Grand-mère amérindienne apprend aux enfants les chants et les histoires, les baies à cueillir et les racines à déterrer, la force de l'amour et la gratitude envers le Créateur, elle se dit peut-être : « Pourquoi ne serait-ce pas un cadeau à offrir à tous les enfants de la terre ? » Car dans sa sagesse ancestrale il est affirmé que, malgré l'endroit où ils sont nés et la couleur différente de leurs visages, tous les enfants de la terre se ressemblent. Ils ont la même racine ; ils sont les fils et les filles d'un seul aïeul qui a pour nom « Grand Esprit ».

> *« Chaque aîné affirme sa volonté de contribuer par sa sagesse et son expérience à l'avenir de la communauté. »*
> AIGLE BLEU

«Le jour où mon père me quitta, il me donna sa pipe. Prends soin de cette Pipe rouge sacrée, dit-il. Sers-t'en pour toi et pour les tiens. Ainsi, tu m'auras toujours avec toi et mon *nagi*, mon esprit, marchera à tes côtés. J'ai envoyé chercher ma coiffe sacrée et mes vêtements en peau de daim ornés de perles ; ils sont à toi. Maintenant, tu es moi. Tu dois enseigner à ton fils. »

Propos de John Lame Deer à son fils,
dans Archie Fire Lame Deer, *Le cercle sacré,*
Mémoires d'un homme-médecine sioux

Chapitre 15

Le sentier de beauté

Toute voie spirituelle inclut une éthique, c'est-à-dire un ensemble de normes et de valeurs qui expriment une vision de la dignité humaine et qui inspirent l'art de vivre au quotidien. Cette éthique se déploie normalement en cohérence avec la vision du Divin et l'ensemble des pratiques religieuses qu'elle privilégie. La spiritualité amérindienne traditionnelle ne fait évidemment pas exception. Elle a développé son éthique autour de quelques-unes des grandes images archétypales qui nourrissent sa culture : l'Ancien, le Guerrier, la Mère, d'une part ; le Cercle, le Centre, les quatre Directions, d'autre part. Voyons en quoi consiste plus précisément cette « route rouge » que certains d'entre eux ont nommé « le sentier de beauté ».

Le retour au Centre

On ne peut parcourir le sentier de beauté sans d'abord revenir au Centre de soi-même. En quelque sorte, la première démarche consiste en l'acceptation de ce qu'on peut appeler « un retour chez soi ». Comme le saumon, dit-on, retrouve le courant qui le mène à sa frayère et s'y engage de tout son être, ainsi l'être humain doit-il lui aussi chercher à reconnaître, dans l'océan de la vie, le courant qui le conduit au Centre de lui-même et consentir à s'y abandonner. Là s'amorce sa marche véritable vers la beauté, qu'il lui importe d'abord de découvrir en lui-même. C'est effectivement la seule façon pour lui de jouer le rôle unique et irremplaçable que lui réserve le Grand Esprit dans le Cercle sacré de l'harmonie, cette roue autour de laquelle circulent l'ensemble des vies humaines littéralement interconnectées.

> « La souveraineté est une chose qui s'étend en cercles toujours plus larges, à partir de vous-même. »
>
> PROPOS D'EDDIE BENTON-BANAI DANS HARVEY ARDEN
> ET STEVE WALL, *Les gardiens de la sagesse. Rencontres
> avec des sages Indiens d'Amérique du Nord*

Le chemin du retour chez soi menant jusqu'à ce Centre, où s'imbriquent et s'interpénètrent les énergies humaines, cosmiques et divines, commence ici et maintenant. On ne sait pas exactement tout ce qu'on y croisera, mais il est essentiel de le suivre fidèlement. Car c'est bien par cette route que l'on peut découvrir en soi-même les feux créateurs de la beauté, ces énergies spirituelles qui sont à la source de la lumière et de la chaleur qui vont rayonner depuis les profondeurs de l'esprit et du cœur humain. C'est bien par cette voie, également, que l'on peut découvrir et manifester son potentiel caché, dans l'intérêt de la communauté proche, voire de l'ensemble de la famille humaine et de toute la planète. Enfin, c'est bien par l'entremise de ce voyage intérieur que l'on marche vers son Créateur.

Mais quels sont donc ces feux intérieurs qui s'allument pour tous ceux qui parcourent le chemin de la beauté?

> « Les trois feux réunis… forment un triangle de moyens efficaces qui s'arrime au triangle sacré, le Mystère du Trois en Un, duquel dérive toute expression de la manifestation. Certains peuples amérindiens définissent ce triple aspect comme étant les trois Grands-pères, à savoir la *Volonté*, l'*Intelligence* et l'*Amour*. »
>
> RODOLPHE GAGNON, *Lettres amérindiennes*

Le courage du Guerrier

Le premier de ces feux issus des profondeurs de l'âme est celui du courage du guerrier. Il s'agit ici de ce guerrier qui affirme courageusement la vie, et non de celui qui tue ; de ce guerrier dont l'arme est sa propre énergie lumineuse et créatrice, et non la bombe ou le fusil destructeur. C'est celui qui avance dans le cycle de sa vie, droit devant, avec cette volonté d'accomplir coûte que coûte son devoir d'être humain et qui franchit les stades de son existence avec la force morale de sa propre médecine.

> *« Vivre sans la beauté m'est impossible, car elle circule dans le cosmos tout entier et elle est la vie. »*
>
> ANNA LEE WALTERS

Cet être est porteur d'une énergie spirituelle rayonnante, capable de transmuter en lui-même et autour de lui les peurs, les colères, les envies et même les haines en forces de paix et d'harmonie. Il accepte la tâche particulière, que lui a confiée le Grand Esprit, d'être co-créateur ; et il assume avec vaillance sa responsabilité d'accompagner tous ceux qui ont besoin de son aide pour marcher dans le sentier de la beauté.

> « Les Amérindiens essaient de suivre le Chemin rouge qui court dans la nature. Nous sommes liés de la même façon à toutes les choses de la Création. Toutefois, nous sommes conscients qu'à côté du Chemin rouge il y a le noir, qui va à contresens. Le Chemin rouge est positif, le Chemin noir négatif... Les sociétés technologiques s'égarent souvent dans les Chemins noirs, mais nous n'aurons plus le choix de retourner dans le Chemin rouge quand l'équilibre fragile du monde sera rompu. »
>
> DON RUTLEDGE ET RITA ROBINSON, *Le chant de la terre,*
> *la spiritualité des Amérindiens*

Le grand combat de ce guerrier spirituel consiste à tenter d'harmoniser, jour après jour, sa volonté, ses intentions, ses pensées, ses paroles et ses actions avec sa véritable raison d'être en ce monde. Il veut devenir ce qu'il est appelé à être depuis le Centre de lui-même. C'est là la lutte qu'il mène pour demeurer dans « la route rouge » du bien, de la loi naturelle et de ces Instructions originales lisibles dans le Grand livre de la création.

Le danger existe toujours de bifurquer, de s'éloigner de l'action juste, et d'emprunter les routes sombres de l'alcool, de la drogue, de la violence et de la destruction de soi et des autres autour de soi. Le guerrier spirituel s'y refuse, de toute sa volonté et avec tout son courage, car ce serait alors ajouter des douleurs et des souffrances à ce « chemin des larmes », dont parle le saint homme Black Elk, ce chemin de la dépossession collective ou individuelle si difficile à traverser.

> « Les guerriers de l'Arc-en-ciel enseigneront l'unité, l'amour et la compréhension mutuelle entre les peuples. »
>
> WILLIAM WILLOYA ET VINSON BROWN,
> *Les guerriers de l'Arc-en-ciel*

La sagesse de l'Ancien

Le deuxième des feux issus des profondeurs de l'âme est celui de la sagesse de l'Ancien. L'Ancien devenu sage a appris, avant toute chose, qu'en l'instant présent se joue le miracle de la vie. Pour lui, tous les moments de sa vie quotidienne doivent être vus comme des pas sur la voie spirituelle et comme un rapprochement possible avec le Monde des esprits et des formes idéales. Aussi juge-t-il important de faire corps avec le présent, puisque c'est là que se vit la rencontre avec le Grand Mystère.

> « Être ici maintenant, qu'est-ce que cela veut dire ? Arrière-grand-papa répondit : *Maintenant est le résultat de tous nos 'hier' et la base de tous nos 'demain', alors pourquoi ne te préoccupes-tu pas de ce qui se passe maintenant ?* »
>
> DHYANI YWAHOO, *Sagesse amérindienne. Traditions et enseignements des Indiens Cherokee*

En outre, dans sa sagesse, l'Ancien a compris que toute action qu'il accomplit est, à sa manière, le chemin lui-même et qu'elle doit servir à répandre, ici et maintenant, des semences de lumière. Voilà pourquoi de chacune de ses activités il cherche à extraire la dimension sacrée et en chacune d'elles il veut rejoindre la sagesse de ses ancêtres, tout en se souciant du bien-être de ses descendants. « Il faut moissonner les instants de la vie, dit un Ancien, comme des épis chargés de grains. »

« Le sentier de la beauté nous conduit à l'essentiel : la connaissance de notre nature profonde. Notre luminosité fondamentale est un reflet de la perfection divine. Il n'y a pas de plus grande joie en ce monde que de dégager de la boue (les illusions) de l'existence terrestre la connaissance de notre être de lumière. »

AIGLE BLEU, *Le sentier de la beauté*

L'Ancien devenu sage a aussi appris l'art de maintenir en lui-même l'équilibre des énergies masculines et féminines, paternelles et maternelles. En ce sens, il respecte l'une de ces Instructions originelles que le Créateur a semées dans sa création. Et il accueille en son Centre le courant de l'énergie cosmique et divine qui harmonise les forces contraires, puisqu'elles ne sont en vérité que des forces complémentaires.

« Ce livre est dédié, avec ma reconnaissance, à tous ceux qui, avant moi, ont parcouru et tracé le Sentier de beauté. »

DHYANI YWAHOO, *Sagesse amérindienne. Traditions et enseignements des Indiens Cherokee*

L'Ancien qui a su se mettre à l'école de la vie et de l'univers a fait l'expérience, parfois dans la joie et parfois dans la souffrance, que tout ce qui est, tout ce qui arrive et tout ce qui devient nous enseigne. Sur la route rouge tracée par le Créateur, cette route qui est effectivement devenue la sienne et qui tourne autour de la grande roue du temps, il a su porter attention aux leçons des choses et des événements, puis les intégrer au plus profond de sa conscience. Il a compris la beauté des différents stades de la vie et il sait, aujourd'hui, que tout fleurit en son temps.

« Pour être digne d'être vécue, l'existence devait être perçue comme une longue cérémonie transformant le quotidien en aventure mystique. »

FRÉDÉRIC LENOIR ET YSÉ TARDAN-MASQUELIER, *Le livre des sagesses. L'aventure spirituelle de l'humanité*

Sage, l'Ancien a appris à vivre dans le détachement, par-delà le monde de l'avoir et des possessions, ce monde où tout se vend et s'achète. Et il sait également, à présent, que les intentions, les pensées, les paroles et les actions que nous semons autour de nous et dans l'univers nous reviennent. Cela l'a conduit à purifier ses énergies, à maîtriser le plus consciemment possible le côté sombre de son être et surtout à vivre sa vie quotidienne en cohérence avec sa raison d'être en ce monde.

L'amour de la Mère

Le troisième des feux ayant pris naissance dans l'âme est celui d'un amour dont le modèle archétypal est celui d'une Mère. Sur le chemin de la beauté, c'est ce long geste immémorial et gratuit qui donne, accompagne et accomplit la vie. La générosité maternelle désire que chacun des enfants ait la chance de vivre et de croître. Elle est l'image par excellence de la générosité du Grand Esprit qui veut que chaque membre de notre unique famille humaine, et même que chacun de nos frères et chacune de nos sœurs existant sur cette planète, soit aimé et respecté en son être.

> « Parmi les premières leçons que m'ont enseignées mes grands-parents, il y avait celle-ci : *Parle des autres avec bienveillance, car tu ne sauras pas ce qu'ils ont souffert jusqu'à ce que tu aies parcouru dix mille milles dans leurs mocassins.* »
>
> DHYANI YWAHOO, *Sagesse amérindienne. Traditions et enseignements des Indiens Cherokee*

L'amour est toujours un élan du cœur qui réunit des êtres distincts et différents, qui pourtant sont unis et semblables en profondeur. Il est la négation de la déchirure, de la séparation, de la brisure. Il rassemble des êtres en un seul Cercle de vie. Tous ceux qui entrent dans le Cercle acceptent de prendre soin les uns des autres ; ils cultivent l'esprit maternel de « la gardienne de la vie », responsable du bonheur et de l'épanouissement de tous. Cet esprit maternel, à l'exemple et dans la foulée de celui de Terre-Mère, étend sa bienveillance et son attention à tous ces êtres, si humbles soient-ils, qui sont les compagnons de voyage de la famille humaine.

« L'innocence de notre vie, l'amour que nous avons pour nos frères, la tranquillité d'âme dont nous jouissons par le mépris de l'intérêt sont trois choses que le Grand Esprit exige de tous les hommes en général... »

Propos tenus par l'Amérindien Adario dans Lahontan,
Dialogues avec un Sauvage cité par Georges E. Sioui,
Pour une autohistoire amérindienne

Cet amour, qui plonge dans la plus haute énergie de l'Esprit universel, fait être tout autant la personne qui l'offre que celle qui le reçoit. Aidant à réaliser au mieux le potentiel de tous les êtres aimés, il irradie et contribue, à partir d'un tout petit point de l'espace et du temps, à la beauté du chant cosmique. Il le fait en mettant en œuvre les deux gestes complémentaires qui le caractérisent et qui naissent liés l'un à l'autre comme les deux moments de la respiration : l'accueil, comme une hospitalité offerte à l'autre, et le don, comme une visite faite chez l'autre.

L'amour de la Mère est archétypal en ce sens qu'il témoigne de ce supplément d'âme que requiert toute offrande de soi pour qu'un autre existe. Il est le symbole de toutes ces mains ouvertes qui donnent, à l'opposé de ces mains fermées qui retiennent et qui, parfois même, frappent. Cet amour maternel, qui prend soin du plus petit et du plus démuni, contient aussi en lui-même la semence de la compassion, cette forme de l'amour qui éclaire la nuit de ceux qui souffrent et qui va même, dans la voie spirituelle amérindienne comme dans la voie bouddhiste, jusqu'à prêter une attention spéciale à tous ces êtres qui n'ont pas la langue humaine pour exprimer leur gémissement. Cet amour prend également grand soin des blessures. Il accepte de pardonner ce qui a été, et qui a meurtri, ou ce qui aurait dû être, et qui a été omis. Ce faisant, il libère et réconcilie ; il ramène tous les êtres concernés dans le grand Cercle de la vie, là où règne la loi cosmique et divine de l'harmonie.

La résonance cosmique

La voie spirituelle amérindienne appelle à répandre ces feux sacrés sur toute la terre. Chacun crée forcément autour de lui-même, un peu à la manière du cristal, un champ d'énergie : d'où l'importance qu'il transmette des vibrations harmonisées, puisant aux plus hautes énergies de l'Esprit universel, tel le courage du Guerrier associé à la sagesse de l'Ancien et à l'amour de la Mère. Car, par ses intentions, ses pensées, ses paroles et ses actions, tout être humain peut être un artiste du Cycle de la vie et un artisan de la beauté du monde : chacune d'elles ressemble, en effet, à un caillou lancé dans la mare créant autour de son point de chute plusieurs cercles concentriques.

> « *Vivre sans la beauté m'est impossible.* Car elle circule dans le cosmos tout entier et elle est la vie. Mon univers est composé de symboles par lesquels j'accède à la beauté. Mes demeures sont rondes, elles représentent le cercle universel de la continuité des nations. Je les construis en terre, en pierre, avec du bois, des écorces et des peaux, ainsi que mes ancêtres l'ont fait avant moi, en tenant compte des quatre directions et du soleil levant. Au cœur de chaque demeure est un feu rougeoyant rendu sacré par le don de vie qu'il possède. »

ANNA LEE WALTERS, *L'esprit des Indiens*

Les moindres actions bonnes d'un petit nombre de personnes marchant dans le sentier de la beauté peuvent vraiment contribuer à transformer le monde. En plus de faire entendre, à leur façon, la voix des Instructions originelles et le son fondamental de la création, ces actions résonnent à leur tour dans les quatre directions du monde, y exerçant leur magnétisme et leur force d'attraction. Toute graine de beauté semée sur le sentier apparaît ainsi comme un point, qui répand ses vibrations lumineuses dans la nuit obscure des souffrances humaines. Qui plus est, projetée vers le bas sur le sol de Terre-Mère, elle éclaire les pas de tous ceux qui marchent dans le cycle de la vie ; projetée vers le haut dans le ciel du Grand Esprit, elle se déploie comme une action de grâces aux joies offertes par la création.

> « Puissions-nous remuer et allumer les feux sacrés chez tous les gens et puisse le Cercle de la vie se renouveler. »

DHYANI YWAHOO, *Sagesse amérindienne. Traditions et enseignements des Indiens Cherokee*

Chapitre 16

Les gardiens de la Terre

La voie spirituelle amérindienne inclut une médecine pour la guérison de Terre-Mère. À l'heure d'un désastre écologique appréhendé, elle nous convie à assumer cette responsabilité spirituelle et éthique, qui a toujours été l'une des dimensions essentielles de son héritage : être les gardiens de la Terre. Cette tâche est aussi urgente qu'exigeante. Mais on peut s'y attaquer si l'on réussit à harmoniser les moyens dont dispose aujourd'hui la modernité avec des principes d'action semblables à ceux dont témoigne la spiritualité amérindienne. Quels sont donc ces sentiers dans lesquels les gardiens de la Terre nous suggèrent de cheminer, afin d'éviter le désastre écologique ?

La crise écologique

L'alliance entre l'homme et la nature est brisée. Au lieu de se situer en lien organique avec elle, l'homme se place en face d'elle et comme à son opposé. Dans ce contexte, l'air, l'eau et le sol se sont dégradés. Des espèces animales et végétales disparaissent. Les climats changent et des ressources non renouvelables s'épuisent.

Triste est l'état de la planète et sombre, son avenir. Terre-Mère est blessée et la blessure est grave. Tous les tissus de l'organisme terrestre sont meurtris. La nature résiste et crie sa souffrance, victime des fruits de la démesure humaine. L'homme l'a dépouillée de son mystère et de sa dimension spirituelle. L'ayant alors conçue comme un simple objet manipulable et comme une machine fonctionnelle, il a entrepris de la dominer, coûte que coûte.

> *« Ce que tu vois dans la nature sauvage se trouve aussi sur mon visage ; ce que tu vois sur mon visage, tu le verras dans la nature. »*
> CHEF DAN GEORGE

Cette crise de la domination de l'homme sur la nature porte avec elle une crise des valeurs. Cette crise du monde moderne est donc foncièrement éthique et spirituelle. Elle appelle une médecine du même ordre, qui puisse l'éloigner de « la route sombre » dont parlent des sages amérindiens, ce chemin de destruction et de mort qui atteint ici la planète. Cette crise a besoin d'un vent qui nettoiera la terre entière autant que l'esprit de l'homme. En définitive, elle requiert une spiritualité de la création. C'est à ce point qu'apparaît la pertinence d'un regard sur la voie spirituelle amérindienne et son éthique écologique.

> « Nous sommes sortis de la Terre-Mère et nous y retournons. Nous ne pouvons pas posséder la Terre. Nous sommes seulement de passage ici-bas. Nous sommes les hôtes du Créateur. Il nous a accueillis chez lui pour un temps, et regardez ce que nous avons fait de sa maison ! Nous l'avons empoisonnée, nous l'avons saccagée de fond en comble… Je travaille pour la Création. Je refuse de prendre part à sa destruction. »
>
> PROPOS DE LEON SHENANDOAH (CONFÉDÉRATION IROQUOISE DES SIX NATIONS) DANS HARVEY ARDEN ET STEVE WALL, *Les gardiens de la sagesse. Rencontres avec des sages Indiens d'Amérique du Nord*

En communion avec l'Esprit universel

Au cœur de la voie spirituelle amérindienne, on trouve le très fort pressentiment d'une omniprésence divine dans l'univers. Or, une telle conscience de l'immanence du Divin fonde justement une éthique de respect, voire de révérence, à l'égard de la nature. En effet, le feu, l'eau, l'air et la terre, tout comme la pierre, la plante et l'animal, ne sont pas que des réalités matérielles. Ils contiennent, au plus profond de leur être, une dimension invisible qui les fonde et les anime et qui est d'ailleurs reconnue comme une puissance spirituelle ou comme une forme idéale voulue par l'Esprit universel.

En un sens, la vraie communauté est spirituelle et invisible; et l'unité et la dignité de tout ce qui vit est une clause fondamentale de la grande loi naturelle. Ainsi, en se nourrissant des énergies profondes de tous ces êtres vivants qui peuplent la terre et en se conduisant envers eux avec déférence, réserve et retenue, on entre véritablement en communion avec l'Esprit universel qui en est l'origine et le fondement.

Sur ce chemin de beauté qui est aussi une voie spirituelle, il n'y a pas pour l'être humain de jour particulier visant à honorer l'Esprit de la création. C'est à travers l'ensemble des comportements quotidiens de déférence à l'égard de toutes les formes de la vie présentes dans la nature que s'accomplit le véritable culte. Respecter la loi naturelle inscrite au cœur de tout ce qui vit et obéir aux Instructions originelles, c'est en quelque sorte comprendre le langage du Monde des esprits et devenir co-créateur avec le Grand Mystère du monde.

> « Quand on prend la vie d'un arbre ou d'un animal, on lui demande avant et, quand on l'a prise, nous déposons du tabac pour remercier le Grand Esprit de nous avoir donné la vie de cet arbre ou de cet animal. »
>
> GILLES GROS-LOUIS, *Valeurs et croyances amérindiennes*

Quand le respect envers l'ordre sacré de la création n'existe plus, on entre facilement dans le chaos environnemental; quand le sentiment de filiation avec Terre-Mère n'existe plus, l'exploitation outrancière et démesurée de ses ressources prend rapidement place. Et alors, cherchant à retrouver son intégrité et à rétablir la trame sacrée du Cercle de la vie, la nature n'a, pour ainsi dire, pas le choix de « se venger ». Si l'esprit (ou l'ordre intérieur) de la forêt n'est pas respecté, la forêt offre de moins en moins ses plantes, ses arbres et ses animaux; et si l'esprit (ou l'harmonie interne) de l'air est vicié, l'air engendre de plus en plus la maladie, la souffrance et même la mort. En tout cela, il y va finalement de la communion du gardien de la Terre avec l'Esprit créateur qui pénètre, vivifie et anime l'univers entier.

« Écologie et spiritualité deviendraient les deux piliers de la
sagesse, mais aussi les deux piliers du futur. »

JEAN-MARIE PELT, *Nature et spiritualité*

La conscience que tout est lié

L'héritage spirituel amérindien affirme que tout existe et se meut dans
une solidarité et une réciprocité fondamentales. Il n'y a qu'une seule
communauté des créatures dont l'être humain fait partie. Tous les êtres
de la planète sont des compagnons de voyage, autant que des frères et des
sœurs de sang. Leurs interrelations sont si originaires et si premières
qu'on ne peut les distinguer de leur être même: «être», c'est «être-avec».

> « Ce qui fait la force singulière de la philosophie amérin-
> dienne est la *capacité* de *toutes* les nations amérindiennes
> de s'entendre quant à l'idée de l'unité et de la dignité de
> *tous* les êtres. »

GEORGES E. SIOUI, *Pour une autohistoire amérindienne*

L'être profond de toute entité vivante, y compris l'homme, est relation-
nel. À la limite, tous se partagent le même souffle cosmique et ils ne
forment qu'un seul Grand Tout inséparable. Les cycles de la vie humaine sont inséparables des cycles du cosmos, et les uns et les autres
se déploient sous l'aile du Grand Mystère. C'est là l'un des visages de
la loi naturelle et divine.

> « Le Créateur a fait toutes les choses : la vie des plantes, la vie
> dans l'eau et les animaux ailés. L'homme a perdu de vue les
> enseignements de notre mère la Terre ; c'est pourquoi nos
> eaux et notre ciel sont si pollués. On doit se rappeler sans
> cesse la nécessité de l'harmonie de toutes choses avec la Na-
> ture et de toutes choses entre elles. »

PROPOS DE SELO BLACK CROW DANS *Voix indiennes.*
Le message des Indiens d'Amérique au monde occidental

Il y a ici une alliance sacrée entre l'homme et tous les êtres de la nature. Tous sont en effet liés et interconnectés dans leur périple au sein

de la grande spirale de la vie. Ils participent à l'unique communauté créationnelle, habitée par l'Esprit universel. La mutualité et la réciprocité de tous les êtres sont au cœur de l'ordre cosmique. Les uns sont toujours en quelque façon les miroirs des autres. L'homme ne peut donc dire : « Je suis seul avec ma dignité ; je puis régner en roi et maître ; je n'ai de comptes à rendre à personne. » Au contraire, il lui faut proclamer avec humilité et action de grâces : « À toutes mes relations », car toutes elles méritent le respect dû à des créatures dont il est lui-même dépendant et en lesquelles à la fois se cache et se dévoile le Grand Mystère.

> « Une pierre n'a aucun besoin pour vivre d'air, d'eau, de soleil ou de la foudre qui fortifie les êtres. Une plante, par contre, a besoin d'air, d'eau, de soleil, de la foudre qui fortifie les êtres et des pierres qui forment le sol. Les animaux ont besoin d'air, d'eau, de soleil, de la foudre qui fortifie les êtres, des pierres et des plantes. L'humain a besoin d'air, d'eau, de soleil, de la foudre qui fortifie les êtres, des pierres, des plantes et des animaux. Il est le plus dépendant des êtres sur la terre. »
>
> PROPOS D'UN SAGE MONTAGNAIS RAPPORTÉS PAR AIGLE BLEU,
> DANS PATRICK RAJOTTE ET YVON R. THÉROUX,
> *La spiritualité amérindienne*

Les hommes doivent prendre conscience qu'ils sont les membres d'une planète vivante. Car la terre est effectivement considérée comme un être vivant, un organisme, une totalité dynamique et créatrice. Son nom est Terre-Mère et tous ceux qui l'habitent sont ses enfants. Ses os sont les montagnes ; ses veines sont les rivières ; son sang est l'eau. Un mouvement alternant l'anime, telle une respiration : éternelle expansion et éternelle contraction. Car tout en elle naît, meurt et renaît infiniment. C'est là le cycle de la vie inscrit dans la loi naturelle ; et c'est là le souffle du Grand Mystère dans lequel baigne le souffle humain.

> « Nous ne pouvons vendre notre terre. Elle fut placée ici par le Grand Esprit et nous ne pouvons la vendre parce qu'elle ne nous appartient pas… C'est nous qui lui appartenons. »
>
> *Pieds nus sur la terre sacrée*
> (TEXTES RASSEMBLÉS PAR T.C. MCLUHAN)

Une éthique de la responsabilité

Chacun de nous est appelé à devenir, en cette portion de territoire qu'il occupe, un gardien de la Terre. Cette sagesse amérindienne ancestrale est aujourd'hui reprise dans la formule écologique : « penser globalement, agir localement ». Un espace particulier nous est prêté pour être géré avec tout le respect que nous devons à la terre. Assurément, chacun doit prendre soin de son environnement immédiat, mais sa responsabilité est littéralement planétaire. C'est que la moindre de nos actions a une portée universelle : elle peut contribuer à guérir ou à blesser la terre.

> « L'homme croit quelquefois qu'il a été créé pour dominer... Mais il se trompe. Il fait seulement partie du Tout. Sa fonction ne consiste pas à exploiter, mais à surveiller, à être un régisseur. L'homme n'a ni pouvoir ni privilèges, seulement des responsabilités. »
>
> PROPOS D'OREN LYONS (ONONDAGA) DANS HARVEY ARDEN ET STEVE WALL, *Les gardiens de la sagesse. Rencontres avec des sages Indiens d'Amérique du Nord*

Nous sommes, sur cette planète, les intendants du Créateur. Notre tâche est de veiller au bien-être de cette planète, bien-être qui est aussi le nôtre. Car toute blessure infligée à la terre vient finalement meurtrir la vie humaine ; et l'homme dressé contre la nature, c'est également l'homme dressé contre son humanité. L'intendant est donc chargé de bien administrer la maison que lui-même habite avec tous ses frères et sœurs naturels. Il doit être un bon serviteur, conscient que cette maison ne lui appartient pas, qu'il n'en est pas le maître, et qu'en elle l'harmonie doit exister entre les hommes, les êtres de la nature et le Créateur.

> « Lorsque nous envisageons une action, envisageons-la pour sept générations... La Terre-Mère ne peut être renouvelée sans que nous ne soyons renouvelés ; la pollution de l'atmosphère ne sera pas transmutée avant que la pollution de l'esprit ne soit transformée. »
>
> DHYANI YWAHOO, *Sagesse amérindienne. Traditions et enseignements des Indiens Cherokee*

Bien sûr, tous nos choix et toutes nos actions devraient être faits en tenant compte de l'intérêt de la terre. Mais il y va aussi du bien-être des hommes, pour sept générations à venir. Le gardien de la Terre regarde derrière son épaule ; il voit ses Ancêtres et toutes les générations parties avant lui, luttant éperdument pour garder à Terre-Mère son intégrité et sa qualité de mère bienveillante et nourricière. Puis il regarde en avant, au loin : il voit les enfants de ses enfants, et jusqu'à la septième génération, devant poursuivre le même combat pour la pureté du Cycle de la vie. Il devient alors plus attentif aux déploiements de la vie, plus conscient des conséquences de ses actions, plus responsable du bonheur de ceux qui ne sont pas encore nés.

> « Regardez derrière vous. Voyez vos fils et vos filles. Ils sont votre avenir. Regardez plus loin, voyez les enfants de vos fils et de vos filles, et les enfants de leurs enfants, et ainsi de suite jusqu'à la septième génération. »
>
> Propos de Leon Shenandoah dans Harvey Arden
> et Steve Wall, *Les gardiens de la sagesse.*
> *Rencontres avec des sages Indiens d'Amérique du Nord*

À l'école de la nature

Le gardien de la Terre fait preuve d'une grande humilité devant tout ce qui est. Il accepte d'écouter les leçons de sagesse, même de ces humbles créatures que sont les fourmis, les araignées ou les abeilles. Son art de vivre trouve une inspiration dans l'observation des arbres, qui savent offrir leur bois, leur écorce et parfois leurs fleurs et qui purifient l'air. Une partie importante de son savoir est celle d'un naturaliste, qui a appris à accueillir avec respect les enseignements de Terre-Mère.

Marchant en son chemin de beauté, le gardien de la Terre sait puiser à l'esprit du Sud : l'amour, inséparable du respect, est la vertu qu'il en retire. « Le Sud » est lié au « rouge ». Tout comme « l'été » et le « feu », n'apporte-t-il pas dans l'atmosphère cette « chaleur » qui contribue à réconforter les corps jusqu'au sentiment de bien-être autant qu'à dilater les cœurs jusqu'à la naissance de l'amour en eux ?

Le gardien sait aussi s'ouvrir à l'esprit de l'Est : la sagesse est la vertu qu'il en retire. « L'Est » est de couleur « jaune ». Tout comme « le printemps » et « l'eau » n'est-il pas ce point du Cercle d'où renaissent sans cesse l'innocence de la conscience et « une lumière » spirituelle qui éclaire toute la vie ?

Le gardien sait encore mettre ses pas dans l'énergie cosmique de l'esprit du Nord : la lutte courageuse pour la paix est la vertu qu'il en retire. Au « Nord », la couleur est le « blanc ». La lutte pour la vie n'est-elle pas toujours difficile, voire héroïque, contre « le froid » glacial de « l'air » et les neiges abondantes de « l'hiver » ?

Le gardien sait enfin accueillir l'esprit de l'Ouest : l'acceptation dans le recueillement est la vertu qu'il en retire. « L'Ouest » est lié au « noir ». La direction du « soleil couchant » ne rappelle-t-elle pas à chacun, tout comme « l'automne », que l'heure est à l'acceptation intérieure, puisqu'un moment viendra où son propre soleil se couchera et son corps retournera à « la terre » ?

> « Ce que tu vois dans la nature sauvage se trouve aussi sur mon visage ; ce que tu vois sur mon visage, tu le verras dans la nature. »
>
> CHEF DAN GEORGE ET HELMUT HIRNSCHALL,
> *Les plaines du Ciel*

Les choses sont bien ainsi : il faut connaître le chemin des quatre directions. Et celui qui les connaît tourne autour du Cercle sacré de la vie. Voilà pourquoi il peut devenir, comme le cèdre, un humble fils de Terre-Mère et, comme l'aigle, un majestueux messager du Grand Esprit.

> « Dirigeants du monde, a déclaré Oren Lyons (Onondaga) lors d'une réunion aux Nations Unies, il ne pourra y avoir de paix tant que nous ferons la guerre à notre Mère, la Terre. Des initiatives responsables et courageuses doivent être prises si nous voulons nous réaligner sur les grandes lois de la nature. »
>
> JAKE PAGE, *Entre les mains du Grand Esprit, Vingt mille ans d'histoire des Indiens d'Amérique du Nord*

QUATRIÈME PARTIE

L'espérance

Chapitre 17

L'espoir d'une civilisation spirituelle

Les prophéties amérindiennes annoncent la venue d'un temps nouveau. Dans la ligne des mouvements millénaristes, elles portent l'espérance qu'adviendra, au moment opportun, un monde meilleur. Il semble que nous soyons parvenus à ce tournant historique en lequel, comme le prédisaient les sages et les voyants, l'appel des Ancêtres à construire un nouveau monde est entendu. Ils disaient: «À cette heure, que tous les gardiens du feu sacré le rallument et le répandent sur la terre! Qu'ils tissent ensemble l'avenir meilleur avec les brins de leurs pensées, de leurs paroles et de leurs actions, quelle que soit la couleur de leur peau! Et qu'ils créent la civilisation spirituelle!» En quoi consiste, au juste, cette civilisation que l'espérance appelle aujourd'hui de tous ses vœux?

Le temps de la Grande Paix

Sur *la route rouge* des peuples amérindiens, on peut entendre un chant de paix planétaire. Ce chant porte, en effet, l'espérance de la Grande Paix entre les peuples. Il se fait l'écho de l'aspiration profonde de toutes les âmes à la fraternité humaine. Et il souhaite faire résonner dans les quatre directions et aux quatre coins du monde la musique qui accompagne la croyance en l'harmonie universelle. L'un de ses symboles est le retour récent de la « Bisonne Blanche », avec son message de paix universelle. En rend aussi témoignage, à l'occasion, la cérémonie du calumet de la paix, en laquelle tous, réunis en cercle, se passent la pipe sacrée, s'aspergent de sa fumée et la font monter, telle une prière, vers le Monde invisible.

> « Les peuples amérindiens ont à cœur de favoriser l'éclosion d'une conscience planétaire en harmonie avec la nature. »
>
> AIGLE BLEU, *Le sentier de la beauté*

Réaliser sur terre l'idéal de « l'esprit gardien de l'harmonie » : telle est donc cette espérance. On croit que peut se reconstruire le Cercle sacré où tous les peuples sont appelés à vivre ensemble, à la fois dans l'affirmation de leur unité et dans le respect de leurs diversités. Ceux qui acceptent d'entrer dans le Cercle où tous sont égaux en dignité – qu'ils soient noirs ou blancs, jaunes ou rouges – consentent à faire le saut dans la conscience universelle. Pour eux, alors, chaque couleur de la peau ne fait que représenter l'un des quatre quartiers du Cercle de l'unique famille humaine. Qui plus est, ils y ont même perçu et compris l'unité sous-jacente de la famille humaine avec l'ensemble des êtres de la création : car tous sont, comme l'être humain, des fils et des filles du Ciel et de ses étoiles.

> « [Selon la prophétie], cinq générations après la disparition presque totale des Indiens, la voix des ancêtres se ferait alors entendre de nouveau et ce serait les fils et les filles de l'homme blanc qui répondraient à l'appel. Et cette nouvelle génération formerait ce qui serait appelé la nation de l'Arc-en-ciel. Ses guerriers construiraient un pont qui nous amènerait à… ce que les Occidentaux nomment le Nouvel Âge… »
>
> AIGLE BLEU, *Le sentier de la beauté*

Dans l'optique de la création d'une civilisation spirituelle, non seulement s'agit-il de comprendre le Cercle de la réciprocité, mais il faut encore tout faire pour en favoriser l'éclosion. Le sentier de beauté déploie alors ici toutes les exigences de la grande loi naturelle de la Paix, issue de la dimension invisible du monde et du Grand Mystère qui en est l'origine et le fondement.

> « Nous disons du sentier de la beauté qu'il passe par le pont de l'arc-en-ciel. Cela veut dire que tous les humains, qu'ils soient blancs, jaunes, noirs ou rouges, s'unissent pour former une nouvelle race de toutes les couleurs. Une nouvelle fraternité est née pour accomplir la paix sur terre. »

> LUC BOURGAULT, *L'héritage sacré des peuples amérindiens*

Il y a d'abord la nécessité, pour les individus, les groupes et les peuples, de se donner un horizon éthique vraiment universel et d'assumer en conséquence une responsabilité planétaire. Construire ainsi le pont de la réconciliation et de l'arc-en-ciel requiert aussi qu'on accepte de marcher dans la voie de la négociation et de la résolution pacifique des conflits, loin des armes ; qu'on fasse l'effort courageux de transmuter les pensées discordantes et destructrices en pensées harmonieuses et créatrices de beauté ; qu'on lutte avec acharnement pour convertir les énergies d'accaparement et de possession en énergies de partage avec les affamés et de compassion envers les blessés de la vie ; qu'on marche tous ensemble afin que la désolation et la pollution présentes dans l'environnement soient remplacées par la purification des eaux et de l'air ainsi que par le respect des forêts et l'aménagement de grands parcs et jardins.

> « Un jour, l'homme rouge et l'homme blanc s'assiéront aux côtés de toutes les autres races de l'humanité et nous résoudrons ensemble les problèmes. Nous nous conformerons tous à la loi de Dieu. Nous prierons même ensemble. Vous le ferez à votre manière et nous à la nôtre, mais nous serons ensemble. »

> HARVEY ARDEN, *Noble Red Man Mathew King,*
> *un sage Lakota*

Puis, il faut qu'à l'action on ajoute la prière, pour que les vents de l'amour juste soufflent aux quatre coins de la terre et que, tels les courants puissants des rivières qui usent les rochers, ils conquièrent les cœurs durcis. C'est ainsi qu'on franchit les barrières qui entravent la route qui mène à un monde meilleur. C'est ainsi que, parfois, on se retrouve pour danser en cercle autour du grand pin blanc de la paix et que, toujours, on reprend sa marche dans la voie droite du Grand Esprit.

> « Que chacun d'entre nous cultive l'esprit du gardien, en prenant soin des autres et de la Terre elle-même. Considérons nos actions pour sept générations. Ainsi commence une ère nouvelle… Un nouveau jour se lève, engendré par nos pensées et nos actions – des pensées-semences de paix arrosées par l'amour, en un sol labouré par l'action. »
>
> Dhyani Ywahoo, *Sagesse amérindienne. Traditions et enseignements des Indiens Cherokee*

Une seule Force spirituelle

En cette civilisation spirituelle rêvée dont l'un des symboles est l'arc-en-ciel, toutes les religions du monde cessent leurs querelles intransigeantes pour s'assembler en une seule grande force spirituelle. Une telle civilisation est, en effet, œcuménique. Sans nier leur profonde identité, les religions y mettent l'accent sur ce qui les unit plutôt que sur ce qui les divise. Dans cet esprit, aucune ne se prétend la seule vraie voie menant au Divin ; aucune ne se reconnaît elle-même comme l'unique peuple des élus choisi par Dieu. Le rêve est ici celui d'une mondialisation pacifique du religieux. Et la paix religieuse devient alors l'un des outils importants au service de la paix mondiale.

> « L'homme qui reconnaît que toutes les créatures sont parentes et a conscience de l'unité de l'univers infuse dans tout son être l'essence vraie de la civilisation. »
>
> Luther Standing Bear

Si cette force peut être aussi puissante, c'est qu'elle se fonde sur la plus haute forme de la conscience « politique » (au sens le plus noble de ce terme) : la conscience spirituelle. En son cœur même, cette conscience, que cristallisent chacune à sa manière les grandes traditions spirituelles, affirme la dignité et l'unité de tous les êtres, frères et sœurs puisqu'enfants du même Grand Esprit et de la même Terre-Mère. Elle porte également en elle la grande médecine de la compassion, qui cherche à guérir le monde de ses souffrances, et les semences de cet amour universel, qui fait être ceux qui l'offrent autant que ceux qui le reçoivent.

> «Ce qui fascine dans la tradition spirituelle amérindienne, c'est qu'elle véhicule un message universel basé sur l'unité dans la diversité et le respect de la main qui nous nourrit. Ce message reste d'une grande actualité pour nos sociétés qui doivent faire face à la diversité culturelle et religieuse et à l'urgence de protéger l'environnement.»
>
> PATRICK RAJOTTE ET YVON R. THÉROUX,
> *La spiritualité amérindienne*

Cette force spirituelle unique établit partout la connexion entre le ciel et la terre. Tous ceux qui l'ont développée en eux-mêmes savent qu'ils appartiennent à la fois aux deux royaumes : le visible et l'invisible. Ils sont conscients de participer à «l'esprit gardien». Voilà pourquoi ils sont les gardiens les uns des autres ; et voilà pourquoi ils veillent sur le courant sacré qui unifie tous les êtres circulant, comme des compagnons de voyage, autour du Cercle infini de la vie.

Dans le cœur de chacun d'abord

Il faut se rappeler, toutefois, que c'est en chacun que s'amorce ce monde rêvé de paix et d'harmonie. La marche de chacun dans le sentier de beauté est essentielle à la transformation du monde. Le guerrier spirituel qui lutte pour un monde meilleur est avant tout un guerrier intérieur. S'il veut la paix dans le monde, il doit la créer en son cœur. Il lui faut équilibrer en lui-même les énergies du père et de la mère, du soleil et de la lune. Il lui faut réunir et allumer au centre de lui-même ces feux incandescents que sont le courage et la compassion, le sens de l'honneur et la sagesse, l'humilité et la générosité.

« L'attitude du guerrier renferme un symbolisme initiatique.
Celui qui avance sur la voie spirituelle rencontre des épreuves de plus en plus difficiles. Le courage est alors une qualité
primordiale. »

LUC BOURGAULT, *L'héritage sacré des peuples amérindiens*

C'est que l'avenir du monde est en germe en l'esprit de chacun. Comme
le cristal crée un champ d'énergie autour de lui, nos intentions, nos
pensées, nos paroles et nos actions résonnent dans le Cercle planétaire. Elles l'affectent. Dans le sentier de beauté menant à un monde
de paix et à une civilisation spirituelle, nous contribuons à créer à
notre manière l'arc-en-ciel. Nous sommes co-créateurs avec les autres
et avec le Grand Esprit. Chacun de nos gestes de bonté est une vibration qui peut ouvrir le cœur des autres ; chacun de nos rêves réalisés
peut aider quelqu'un d'autre à réaliser les siens.

« L'homme qui s'assied sur le sol de son tipi ; et qui médite
sur la vie et le sens sacré de la vie ; qui reconnaît que toutes
les créatures sont parentes ; et a conscience de l'unité de
l'univers ; il infuse dans tout son être l'essence vraie de la civilisation. »

PROPOS DE LUTHER STANDING BEAR DANS LUC BOURGAULT,
L'héritage sacré des peuples amérindiens

Chapitre 18

Le Cycle de la mort et de la renaissance

L'espérance de la «renaissance» est présente au cœur de la voie spirituelle amérindienne. Toujours, cependant, elle est inséparable de l'un des visages de la «mort». C'est là la loi du Cycle ou de la Roue de la vie. En quoi ce Cycle consiste-t-il? En cette vie terrestre, il est le passage obligé par ce principe spirituel fondamental : «Meurs et deviens». À la fin de la vie terrestre, il est le retour du corps à la Terre-Mère, auprès des cendres de tous ceux qui sont déjà morts; puis le passage de l'âme auprès du Grand Esprit et son entrée dans le monde des âmes des Ancêtres.

«Meurs et deviens» en cette vie terrestre

Chaque être naît en ce monde pour réaliser une intention, suivre un sentier de vie et accomplir une mission. C'est ce qu'on appelle sa raison d'être; et c'est pour en saisir la teneur qu'on entre, à des époques charnières de sa vie, en quête de vision. Cette vie a beau paraître aussi éphémère qu'une luciole dans la nuit ou qu'une «petite ombre qui court dans l'herbe et se perd au couchant», comme le rappelle un vieux sage, elle n'en porte pas moins un sens ultime. Et le corps lui-même peut ne ressembler qu'à un simple manteau prêté pour être trop tôt repris, il est pourtant le lieu en lequel se vit une mission particulière à chacun : celle de cheminer en son propre sentier de beauté.

Ce sentier de l'existence humaine est, tout au long, immanquablement soumis au cycle des purifications et des renouveaux, dont témoignent plusieurs rituels amérindiens. L'art de vivre inclut ici, au cœur de lui-même, un art de mourir : on ne vit à la hauteur des meilleures énergies et de la conscience éveillée, et donc de sa raison d'être, qu'en « mourant », jour après jour et parfois en des moments dramatiques, à des énergies basses et à une conscience endormie.

> « Dans la vision du monde tsalagi, la naissance, la vie, la mort et la renaissance sont des processus réels dans le continuum de l'existence. »
>
> DHYANI YWAHOO, *Sagesse amérindienne. Traditions et enseignements des Indiens Cherokee*

La loi spirituelle du « Meurs et deviens » se retrouve en la voie spirituelle amérindienne comme en toutes les grandes spiritualités du monde. Mais, justement, cette loi porte avec elle l'espérance de la guérison, de la renaissance, du plus-être en cette vie terrestre. Le dépouillement y conduit à une vie plus riche ; le détachement, à une présence plus intense ; le sacrifice, à la liberté ; la souffrance, à la joie ; la mort de l'ego, à la communion avec son être authentique.

Même la pensée de la mort incite à une vie remplie. Avec la conscience d'être une humble poussière d'étoile ou un petit segment d'arc-en-ciel, chacun peut devenir le porte-étendard de la lumière divine qui éclaire le sentier de beauté. Ainsi tourne-t-on, en cette existence terrestre, autour de la Roue sacrée de la mort et de la vie, avec la profonde espérance d'une victoire de la vie.

Le retour du corps à Terre-Mère

La mort s'approche un jour, comme un moment du cycle de la vie de chaque individu. Le temps est alors venu pour le mourant, si possible à travers les rituels funèbres appropriés, de récapituler sa vie, de s'offrir à lui-même le pardon et de le demander à ses proches. À lui revenait la responsabilité de préparer son chant de mort; à ses proches, celle de lui accorder la permission de mourir dans la paix; et à toute la communauté, celle de comprendre qu'on meurt pour la suite du monde.

«Mon fils, mon corps va retourner à ma mère la terre, et mon esprit va bientôt voir le Chef Grand Esprit.»

PROPOS DE CHEF JOSEPH DANS *Pieds nus sur la terre sacrée*
(TEXTES RASSEMBLÉS PAR T.C. MCLUHAN)

L'enterrement du corps signifie son retour dans le sein maternel de Terre-Mère, cette mère réceptrice et régénératrice. Le corps est rendu à la terre qui l'a nourri. Normalement paré de ses plus beaux atours, le défunt redonne ainsi sa chair à la terre, réceptacle de la mort comme elle l'est de la vie. Il a maintenant droit à la paix que Terre-Mère va lui procurer. Surtout, il va rejoindre les cendres sacrées des Ancêtres et se mêler à elles. Ses os et sa chair, comme ceux des Ancêtres l'ont fait avant lui, vont à leur tour nourrir la terre. Et la Roue de la vie et de la mort continuera de tourner.

«Quand je mourrai, mon corps c'est un peu comme une couverture, comme un vêtement et mon esprit est à l'intérieur. Lorsque je déposerai mon vêtement, cette enveloppe retournera à la Terre, mais mon esprit sera tel que vous le voyez... alors je serai sacré. Et à ce moment je serai avec mon père, et ma mère, et mes ancêtres... et en même temps, je serai en relation avec les peuples sur la Terre et je pourrai les aider, les guider.»

PROPOS DE WALLACE BLACK ELK DANS *VOIX INDIENNES.*
Le message des Indiens d'Amérique au monde occidental

Le passage de l'âme dans le Grand Mystère

À son dernier souffle, le mourant emprunte le chemin des âmes. Son âme subit alors sa suprême initiation: elle franchit le portail qui ouvre sur un nouveau monde inconnu. Elle connaît ainsi la grande traversée qui lui permet de changer de rive. C'est pour elle la métamorphose, c'est-à-dire son changement en une autre forme d'être. Car une transition se produit, un passage s'effectue et un nouveau sentier à parcourir apparaît.

« Pour notre peuple, le passage de ce monde dans le suivant est aussi important qu'une naissance. »

PROPOS DE CHEF JOSEPH DANS *Voix indiennes.*
Le message des Indiens d'Amérique au monde occidental

« Maintenant je sais que l'existence n'a pas de fin et que mon moi spirituel a toujours vécu. Alors, souvenez-vous de cela lorsque vous entendez ma voix dans le vent… Lorsque la vie prend fin dans le monde physique, l'esprit humain poursuit son chemin dans le grand cercle de l'infini où tous les esprits sont Un… Je suis un être cosmique, l'infinité est ma demeure… Le Grand Être cosmique emplit l'univers et nous fait vivre. »

ANNA LEE WALTERS, *L'esprit des Indiens*

L'âme est alors rentrée chez elle, en sa patrie : en sa nature immortelle, en sa véritable liberté. Puisqu'un cycle s'est accompli, elle vit la renaissance dans un nouveau cycle. La mort, qui fut l'abandon de son vêtement corporel, est devenue le berceau d'une nouvelle naissance. Un autre plan de l'Être, une autre dimension de l'univers, un autre monde, immatériel et infini celui-là, se révèle à elle.

« Wawaté (mon grand-père) m'apprenait que nous, les Anishnabés, dans notre conception de la vie, nous ne mourrons jamais complètement. Il me disait : *Nous voyageons dans un grand cercle, comme la goutte d'eau qui fait le tour de la terre, qui ne connaît pas de frontières et qui, un jour, retourne à la mer.* »

PROPOS DE MICHEL NOËL DANS CYRIL SIMARD,
Des métiers. De la tradition à la création

« Que l'homme blanc soit juste et traite mon peuple avec bonté, car les morts ne sont pas sans pouvoir. Morts, ai-je dit ? Il n'y a pas de mort. Seulement un changement de mondes. »

CHEF SEATTLE, *Déclaration de Port Elliott, 1855*

« Dans l'héritage des cultures archaïques... la mort n'est jamais sentie comme une fin absolue, comme le Néant : la mort est plutôt un rite de passage vers une autre modalité d'être et c'est pour cela qu'elle se trouve toujours en relation avec les symbolismes et les rites d'initiation, de renaissance ou de résurrection. »

MIRCEA ELIADE, *Mythes, rêves et mystères*

Maintenant, l'âme voyage sur un chemin lumineux, en ce pays invisible des âmes défuntes. Comme la goutte d'eau qui a fait le tour de la terre, elle effectue son retour là d'où elle vient : dans la mer du Grand Mystère. Elle vit ce périple dans le Monde des esprits, en suivant la piste qui la rapproche de la Source, ce lieu où toutes les âmes ne font qu'un. Elle est vivante ; elle respire dans le souffle même du Grand Esprit. Et elle y exécute le chant de son être nouveau, qui rappelle pourtant son chant d'autrefois. Il arrive parfois, à certains humains attentifs vivant encore sur cette terre, d'entendre ce chant et de le reconnaître, tantôt comme une sorte d'écho lointain tantôt comme une véritable voix intérieure. Ils savent alors que, depuis le Monde des esprits, un Ancêtre s'est approché et communique avec eux.

« Nous sommes venus de la mer du Mystère pour en explorer les nombreuses facettes, et nous retournerons tous à cette mer comme le saumon retourne au lieu de sa naissance. Chacun de nous emportera un grand message : *Voici ce que j'ai appris dans la vie, voici ce que j'ai appris sur Terre...* Nous sommes les enfants de la lumière, nous sommes la voix de la création... Nous sommes les ancêtres de ceux qui ne sont pas encore nés... La mort est un changement et non une fin. [En cette vie], nous semons la graine d'un départ positif de ce monde vers un autre. C'est bien. »

DHYANI YWAHOO, *Sagesse amérindienne. Traditions et enseignements des Indiens Cherokee*

« L'indien primitif se contentait de croire que l'esprit que le Grand Mystère avait insufflé en l'homme retournait à celui qui l'avait donné. »

CHARLES EASTMAN, *L'âme indienne*

« La mort est une étape très importante dans le chemine-
ment de quelqu'un. C'est le moment de transcender ce
monde-ci pour pénétrer dans le monde spirituel, pour retourner dans la lumière du Grand Mystère. »

AIGLE BLEU, *Le sentier de la beauté*

« Chez plusieurs tribus subarctiques, on croyait qu'après la
mort les âmes allaient chez le Grand Être, le Créateur, le propriétaire, qui, au bout de quelque temps, les renvoyait sur
terre pour vivre une nouvelle vie. »

W. MÜLLER ET AUTRES, *Les religions amérindiennes*

Au pays des Ancêtres

Quelque part, au début de la piste, les Ancêtres attendent : car l'âme
du défunt entre dans l'Inconnu, un peu comme l'enfant qui vient de
naître. Dans ce pays lumineux de la forme idéale et des puissances
spirituelles, l'âme du défunt cherche, puis retrouve, ses parents, ses grands-
mères et ses grands-pères et tous ses ancêtres plus lointains. Guérisseurs de
l'âme, gardiens de la paix ou guides spirituels, ils vont l'accompagner sur le
long chemin du retour vers le Grand Esprit.

> « *Le passage de ce monde dans le suivant est aussi important qu'une naissance.* »
>
> CHEF JOSEPH

« Je suis né dans mes ancêtres ; leurs os, leur sang, leur chair,
leur esprit sont en moi. C'est pour cela que je sais que mes
ancêtres sont encore très vivants. Ils sont morts et leurs esprits sont toujours vivants et c'est pour cela que je peux toujours parler avec mon grand-père et ma grand-mère. »

PROPOS DE WALLACE BLACK ELK DANS *Voix indiennes.
Le message des Indiens d'Amérique au monde occidental*

Séjournant désormais dans le Monde des esprits, l'âme du défunt baigne à son tour dans le champ spirituel de la mémoire ancestrale. À la manière des âmes de ses prédécesseurs, elle devra sans doute assumer elle aussi, tout au long de sa route, de nouvelles tâches auprès des humains qui poursuivent leur route terrestre et qui ont besoin d'aide. Quelque chose comme un dialogue, et même une communion, est donc possible entre les vivants du monde visible et les vivants du monde invisible, ces deux mondes qui en réalité n'en forment qu'un seul. Cela aussi fait partie de l'espérance et de la loi cosmique du Cercle.

> « Chez les Indiens des plaines… l'invisible traversait constamment le visible et le passé visitait le présent. Des contacts étaient établis avec d'autre temps (dialogue avec les morts) ou d'autres espèces (esprits-animaux, plantes sacrées). »

> FRÉDÉRIC LENOIR ET YSÉ TARDAN-MASQUELIER,
> *Le livre des sagesses. L'aventure spirituelle de l'humanité*

> « Pendant la nuit mon père partit vers l'inconnu, sur le sentier gardé par *Hinhan*, le grand Hibou, et qui mène au monde des esprits. Pour ce dernier voyage, je le vêtis de sa chemise à franges à peau de daim ornée de perles, de ses jambières et de ses mocassins. Mais je gardai sa pipe et sa coiffe, comme il me l'avait demandé… Il m'avait dit : *mon esprit marchera à tes côtés.* »

> ARCHIE FIRE LAME DEER, *Le cercle sacré, Mémoires d'un homme-médecine sioux*

Épilogue

Notre désir de comprendre et de reconnaître

Le regard que nous venons de porter sur l'héritage spirituel amérindien était animé, en tout premier lieu, par notre désir de comprendre l'originalité et la singularité de cette voie religieuse ancestrale, plusieurs fois millénaire. N'étant ni Amérindiens ni « experts » en la matière, nous avons pris soin de faire quelques rencontres et de consulter une large documentation. Notre recherche nous a conduits à percevoir, par-delà une certaine diversité d'expressions et de pratiques, une base commune largement partagée par l'ensemble des peuples amérindiens d'Amérique du Nord. C'est ce fond commun, ce qui nous a paru être en quelque sorte le noyau dur de cette voie spirituelle ancestrale, que nous avons tenté de vous présenter ici.

Allié à notre désir de comprendre, il y a eu, tout au long de notre recherche, une attitude de profond respect. Nous nous sommes même, pour ainsi dire, placés comme à l'intérieur de cette voie spirituelle. Nous avons voulu que notre regard soit semblable à celui d'observateurs épousant la logique interne de cet héritage spirituel ancestral, plutôt qu'à celui de savants détachés de leur objet d'étude. Vous l'aurez sans doute remarqué : cette perspective a produit son effet sur le style et la teneur de l'écriture elle-même.

C'est avec joie que nous avons «fréquenté» des personnes et des écrits témoignant de cette tradition spirituelle. Nous avons été amenés à admirer sa cohérence interne, la richesse de ses croyances et de ses pratiques les plus fondamentales, sa capacité à répondre aux questions les plus radicales : par exemple, le sens de la vie et de la mort, le discernement entre le bien et le mal, le lien entre l'homme et la nature. Qui plus est, cet héritage nous est apparu comme portant en son cœur même les dimensions essentielles des grandes spiritualités qu'on trouve encore aujourd'hui dans le monde : une vision du Divin, des formes de religiosité et des principes éthiques conséquents, puis une espérance face à la mort. À notre avis, on peut affirmer que cette voie spirituelle rejoint l'essence même du religieux.

Nous avions le désir de comprendre et d'offrir à tous notre compréhension de cette voie spirituelle traditionnelle : nous éprouvons maintenant plus que jamais le besoin de contribuer également, avec nos modestes moyens, à sa reconnaissance. Un temps viendra, disait la prophétie amérindienne, où une telle reconnaissance existera. Voilà, nous semble-t-il, que le temps est venu. Il importe donc aujourd'hui de rendre justice à cet héritage, qui a déjà gagné ses titres de noblesse, et de le faire connaître ; il importe du même souffle de réhabiliter cette parole, qui nous parvient du fond des siècles, et de la partager.

Cette sagesse millénaire possède son identité propre et sa singularité. Mais c'est justement à partir de là, depuis son cœur même pour ainsi dire, qu'elle nous semble receler une vérité essentielle et universelle. Si l'on sait la réinterpréter pour notre temps, elle deviendra une nourriture offerte à tous et non seulement aux peuples amérindiens. Il y a là un trésor à recueillir et à réinterpréter, puis à conserver précieusement dans le patrimoine spirituel de l'humanité.

L'expérience initiatique de la voie amérindienne

Il nous est apparu qu'il y avait, au fondement de la voie spirituelle amérindienne, une sorte d'expérience initiatique. Cette expérience lui donne à la fois sa singularité et son universalité. C'est par là, en effet, qu'elle se distingue dans le concert des traditions spirituelles ; et c'est par là également qu'elle témoigne d'indéniables analogies et résonances avec d'autres grandes voies spirituelles. Évoquons d'abord ici ce que nous croyons être le centre vital de cette religiosité.

Nous avons appelé cette expérience religieuse fondatrice et la conscience du Divin qui la caractérise « une mystique de la nature ». La religiosité qui s'y exprime est celle d'une religion naturelle en laquelle est vécu ce profond sentiment d'être englobé dans un Tout et de faire partie du Grand Vivant cosmique. Tout comme la respiration se sentirait être le Souffle unique ou comme la vague se verrait être la Mer infinie ou encore comme la feuille se percevrait comme étant l'Arbre même, ainsi l'être humain fait-il ici cette expérience : « Je suis une partie du Grand Tout et le Grand Tout est en moi. »

Cette expérience est reconnue aujourd'hui comme « le sentiment océanique ». On se sent alors inclus dans le mystère de l'Être ; on l'habite ; on en fait partie de façon inséparable. On saisit, en effet, le lien divin de toutes choses entre elles et de toutes choses avec soi-même. À vrai dire, on est même plutôt saisi par ce dévoilement et par cette éclaircie de l'Être. Et, alors, chaque être étant en quelque sorte présent en tout autre, on se voit baigner dans un univers où règne la transparence.

Dans cette mystique de la nature, la religiosité est donc centrée sur l'expérience intérieure que chacun est invité à vivre dans son rapport à l'univers. Dans la voie traditionnelle amérindienne, il n'y a ni Église institutionnelle, ni hiérarchie autoritaire, ni dogmes imposés. Ce qui compte, c'est de faire l'expérience intérieure du Divin présent dans le cosmos et d'en tirer les conséquences pour sa raison d'être en ce monde. Pour être aidé sur le chemin spirituel que cette expérience incite à emprunter, il y a bien sûr les conseils de l'homme-médecine, du guide spirituel et de l'Ancien reconnu comme sage, puis tous ces mythes, ces symboles, ces rituels et ces prières que nous avons évoqués plus haut.

Au centre de cette religiosité naturelle et de cette mystique de la nature, il y a un Dieu cosmique. Le Dieu cosmique amérindien est immanent et proche. Il est inséparable de cet univers en lequel il est littéralement omniprésent. Le Grand Esprit règne dans le cosmos et il a ses représentants sur terre : le Monde des esprits. Ces représentants sont l'Autre Dimension de toute chose ; ils sont le Monde invisible des puissances spirituelles et des formes idéales, animant de l'intérieur les puissances et les formes du monde visible. C'est dire autrement que le monde visible porte, celé en sa profondeur, le Grand Mystère du monde invisible.

Voilà sans doute pourquoi la voie traditionnelle amérindienne insiste tant sur le sacré. Le Cycle du temps et le Cercle de la vie, par exemple, sont dits sacrés. Comme tout ce qui est sacré, ils portent en eux la présence active du Divin et ils appellent en conséquence respect et révérence. À la limite, l'action du Créateur en vient à se confondre avec l'ensemble des énergies du cosmos, de la vie et de l'être humain. C'est ainsi que le Grand Esprit, présent et agissant dans le cosmos, prend aussi le nom de Grand Mystère.

Telle nous semble être la singularité de l'héritage spirituel amérindien : une mystique de la nature, qui développe une forme de la religiosité naturelle et qui se donne la représentation d'un Dieu cosmique.

Indéniables résonances

Il est intéressant de noter, au passage, quelques résonances, voire parfois certaines ressemblances et analogies, de la voie spirituelle amérindienne avec d'autres traditions spirituelles et même avec quelques aspects importants de la science et de la philosophie. Cela indique bien, ici encore, que cet héritage spirituel rejoint en sa singularité même l'essence de la religiosité, et même, le cœur de la pensée philosophique. La religiosité amérindienne recoupe vraiment, en sa substance même, le noyau central d'autres traditions spirituelles. Ainsi en est-il, par exemple, de sa vision d'un Dieu créateur de l'univers. Que ce soit dans le judaïsme, le christianisme, l'islam ou l'hindouisme, l'affirmation d'un Dieu créateur est centrale. Bien sûr, les récits mythiques – qu'il importe de ne point interpréter littéralement – varient d'une tradition à l'autre, mais Dieu y est toujours vu, en son acte créateur, à l'origine et au fondement de l'univers.

Autre dimension essentielle de l'héritage amérindien : l'immanence du Divin dans l'univers y est très fortement affirmée. Dieu, le Créateur, y est entrevu, en effet, comme le Grand Mystère ou la

Dimension invisible du cosmos, comme nous l'avons largement montré. Or, il suffit de lire, par exemple, quelques pages des textes fondateurs de l'hindouisme et du taoïsme pour saisir de profondes analogies et convergences.

Voici, parmi tant d'autres, un extrait du texte sacré hindou, le *Bhagavad-gītā*, qu'aucun leader spirituel amérindien ne renierait, nous semble-t-il. C'est Dieu, le Créateur, qui parle au guerrier Arjuna par la bouche de Krishna : « C'est moi qui suis, de l'univers entier, et l'origine et le terme... Tout l'univers est suspendu en moi comme sur un fil des myriades de perles. Je suis la saveur dans les eaux, Arjuna, je suis la lumière et du soleil et de la lune... et je suis la vitalité dans l'homme. Je suis le parfum sacré de la terre et je suis l'éclat dans le feu, je suis la vie dans ce qui existe... Je suis la clairvoyance chez les sages, je suis la gloire des héros... Je suis en toute chose le désir en harmonie avec l'ordre cosmique, Arjuna. »

Et voici également un extrait du texte sacré taoïste, *Tao-tö-king* : « Le Tao... Le sans-nom : l'origine du ciel et de la terre. L'ayant-nom : la mère de tous les êtres... Le regardant, on ne le voit pas, on le nomme l'invisible. L'écoutant, on ne l'entend pas, on le nomme l'inaudible. Le touchant, on ne le sent pas, on le nomme l'impalpable... Il est la forme sans forme et l'image sans image... Silencieux et vide, indépendant et inaltérable, il circule partout sans se lasser jamais... Le Tao est le réservoir de tous les êtres... Il est l'harmonie du masculin et du féminin. » Ne sommes-nous pas très proches, une fois encore, de la voie spirituelle amérindienne ?

On peut aussi ajouter que l'espérance amérindienne converge en profondeur avec l'espérance chrétienne. Comme dans le christianisme, l'espérance amérindienne comporte une dimension active : elle veut transformer le monde, ici et maintenant. Elle veut le rendre meilleur, pacifique et harmonieux. Elle invite, comme l'espérance chrétienne, à participer activement à l'édification d'une civilisation spirituelle. C'est d'ailleurs une partie de la grandeur de cette voie spirituelle que d'arriver à concilier sa dimension profondément « mystique » (le Divin est déjà présent dans le monde) avec une dimension « prophétique » (le Divin est à faire exister dans le monde). Et la résonance avec l'espérance chrétienne se poursuit dans la vision de la mort comme passage en un autre mode d'être, dans le pays des défunts, auprès de Dieu ou du Grand Esprit. C'est à partir de ce « lieu » invisible qu'on peut aider ses frères et ses sœurs essayant de vivre, tant bien que mal, leur raison d'être en ce monde visible.

Mais l'une des convergences, sans doute la plus stupéfiante, est celle qui rapproche certains aspects fondamentaux de la voie spirituelle amérindienne avec des conclusions issues de la science contemporaine la plus avancée. Ainsi en est-il, par exemple, des affirmations de la physique du xxe siècle concernant l'unité foncière de l'univers, l'interconnexion de toutes choses, l'interdépendance de toutes les parties dans le grand tout cosmique englobant : n'y a-t-il pas ici quelque résonance avec la vision holistique amérindienne du cosmos et de la vie, que la prière (qui est aussi un constat) – « À toutes mes relations » – résume si bien ? Il y a également, en physique, cette représentation de l'univers comme étant un Champ infini d'énergie : il y aurait là quelque résonance avec la vision amérindienne des puissances spirituelles, ces courants énergétiques cosmiques et divins avec lesquels on peut entrer en communion. Puis, cet univers non euclidien et courbe de la relativité einsteinienne aurait peut-être, lui aussi, quelque accointance avec l'intuition amérindienne de la vie et du cosmos comme Cercle. Et que dire des liens possibles entre la vision amérindienne de la Terre-Mère et la vision qu'ont certains scientifiques de la terre comme étant un être vivant, dans la lignée de la Gaïa des anciens Grecs ! Et l'éveil écologique actuel ainsi que la recherche d'une médecine holistique et énergétique ne rejoignent-ils pas des pans importants de l'héritage spirituel amérindien ?

On pourrait même envisager quelque parenté entre un concept philosophique comme celui de « l'Âme du monde », véhiculé par la tradition néoplatonicienne, et le Grand Mystère cosmique amérindien, l'un et l'autre faisant exister et animant toutes les formes et toutes les puissances existant dans l'univers. Ou encore, on pourrait rapprocher le concept animiste aristotélicien de « forme », de celui d'« esprit » amérindien, lui-même forme idéale de l'être qu'il anime de l'intérieur. La pensée romantique européenne du xixe siècle, de même que celle du philosophe américain Henry David Thoreau, n'est pas si loin elle non plus du mysticisme de la nature amérindien, pour ne rien dire des diverses formes de panthéisme et de cosmothéisme qui ont parcouru l'histoire de la pensée occidentale.

Quoi qu'il en soit de tous ces rapprochements et de toutes ces analogies, nous ne voulons ici que mettre en évidence une chose : la voie spirituelle amérindienne traditionnelle nous semble avoir sa place dans le concert actuel des grandes spiritualités mondiales. Elle peut être comparée aux autres. Elle possède sa singularité, bien sûr, mais aussi, et du même souffle, sa valeur universelle. Qui plus est, elle n'est pas non plus sans liens possibles avec une science et une philosophie des plus actuelles.

La renaissance amérindienne

Aux temps des dépossessions, du mépris de leur culture et de leur spiritualité et de toutes les souffrances qui s'ensuivirent, les Amérindiens d'Amérique du Nord n'ont pas tous résisté, peu s'en faut, à la tentation de s'éloigner de leur voie originelle. La situation semblait pour beaucoup d'entre eux sans issue, en cette époque qu'on a parfois baptisée « le chemin des larmes ». D'autant plus, d'ailleurs, que la transmission orale de leur héritage le rendait sans doute encore plus fragile.

Mais, aujourd'hui, il semble bien que l'impasse ait fait place à un passage, soit celui d'une mort approchée à une véritable renaissance culturelle et spirituelle. Des leaders spirituels, demeurés fidèles à la sagesse ancestrale ou ayant retrouvé leurs racines maîtresses, se lèvent maintenant avec fierté pour en assurer à leur tour la transmission. Ils contribuent à la redécouverte actuelle de ce précieux patrimoine et favorisent, pour autant, un authentique mouvement de revitalisation spirituelle.

Voici donc venu le temps de la renaissance de « la route rouge ». Selon certaines prophéties, ce retour aux sources s'accompagne de l'entrée dans une nouvelle ère, celle d'un nouveau soleil de la conscience et de l'amorce d'une transformation du monde. Alors, est-il dit, la voix des Ancêtres est à nouveau entendue, et ce, non seulement parmi les peuples amérindiens, mais également par les fils et les filles de l'homme blanc.

Dans la lumière de ce nouveau soleil de la conscience qu'annoncent les prophéties, les peuples autochtones retrouvent d'abord le feu spirituel qui les conduit à leur propre guérison ; ils se remettent en mémoire les Instructions originelles du Créateur ; puis, ils acceptent d'offrir, à tous ceux qui sur la planète sont prêts à les partager, leurs enseignements spirituels. C'est dans cette clarté, conjuguée à celle d'autres voies spirituelles, que les générations d'aujourd'hui et de demain commenceraient à édifier ensemble, sur cette terre, une civilisation pacifique et spirituelle ; et c'est avec ces rayons de lumière métissés en leur esprit et en leur cœur qu'ils feraient exister ce peuple de l'arc-en-ciel qui réunit tous les humains, quelle que soit la couleur de leur peau.

C'est ainsi que, dans une société sécularisée en laquelle des Amérindiens et des Blancs peuvent aussi être agnostiques ou athées, se produit ce retour à un héritage spirituel ancestral. À y regarder de près, cette renaissance autochtone semble pourtant arriver au bon moment de l'Histoire : des leaders spirituels amérindiens existent et se disent prêts à partager cette sagesse ; et de nombreux Blancs paraissent ouverts et disposés à l'entendre. Ne pourrions-nous point croire que nous vivons un tournant historique, qu'un nouveau soleil de la conscience s'est levé et qu'aujourd'hui est vraiment le temps propice ?

Une puissance en quête de sagesse

Le message de la voie spirituelle amérindienne semble connaître sa renaissance au bon moment pour une autre raison fondamentale : il contient une « médecine » pouvant aider à guérir un homme moderne désabusé, littéralement accablé par la confusion morale et le vide spirituel ambiants ; et il inclut également des « remèdes » appropriés à la situation actuellement dégradée de notre petite planète, que certains qualifient même de désastre écologique. Dans l'ère de la modernité comme à toute autre époque de l'histoire de l'humanité, et ici comme ailleurs, la puissance a toujours besoin d'une sagesse. Et c'est au rétablissement d'un point d'équilibre entre ces deux pôles que peut contribuer, à sa manière propre et sans prétention, l'héritage spirituel amérindien.

Ce côté sombre de la modernité, c'est effectivement la démesure de l'affirmation d'une puissance – ce qui est de l'ordre des moyens – ayant perdu de vue une sagesse qui devrait l'orienter et en définir les limites – ce qui est de l'ordre des fins. C'est également, de façon inséparable, un matérialisme bien affiché dans la crise des valeurs et largement incarné dans une économie soumise aux diktats d'un capitalisme sauvage. Et c'est certainement aussi une approche mécaniste et purement dominatrice des rapports de l'homme avec la nature. Que peut-il émerger de ce règne de la raison instrumentale, si ce n'est un monde plutôt plat et unidimensionnel, désenchanté et vidé de son mystère ? Et, dans ce temps et cet espace homogènes, l'existence humaine n'est-elle pas littéralement dénaturée et l'homme lui-même ne tend-il pas à perdre tout sens du sacré et du mystère ?

Vide spirituel et crise des valeurs, avons-nous dit, mais aussi désastre écologique. L'ancienne alliance de l'homme et de la nature est brisée. Celui-ci ne perçoit plus suffisamment, dans son anthropocentrisme débridé, son interconnexion et son interdépendance avec le reste de la nature. Sa responsabilité planétaire est si amenuisée qu'il en est venu à violer impunément l'ensemble des écosystèmes qui constituent son habitat. Impunément? Peut-être pas. Les anciens Grecs disaient que la démesure (*hybris*) engendrait la vengeance (*némésis*). Ne constate-t-on pas, à l'heure présente, que l'affirmation démesurée de la puissance humaine suscite une sorte de «vengeance» de la nature, ce qui est sa façon de rappeler à l'homme la nécessité de signer à nouveau avec elle un pacte sacré. Le temps d'un discernement est venu. Le rêve prométhéen de la techno-science ne peut plus s'en aller seul; le désir faustien d'une puissance illimitée ne peut plus être satisfait. Une sagesse est requise.

Heureusement, un éveil de conscience s'est produit au sein de la modernité et un courant, une tendance, un mouvement s'ensuit. Un chemin d'avenir s'ouvre, d'ores et déjà. On commence à remettre en cause, même en science, les fondements matérialistes et mécanistes de la pensée et de l'action et, conséquemment, un réenchantement de l'espace et du temps s'amorce. On sent de plus en plus le besoin d'une éthique planétaire, qui sache marier des convictions axées sur des valeurs fondamentales comme la solidarité et la justice avec un sens de la responsabilité universelle, incluant les conséquences de nos décisions à l'égard de la postérité tout autant qu'envers la planète elle-même. Du plus profond de la conscience moderne éveillée, des appels se font entendre: retrouver des repères moraux, refaire alliance avec la nature et reformuler une nouvelle spiritualité.

La sagesse nouvelle que requiert aujourd'hui la modernité a en effet besoin de se reposer sur ces piliers que sont une éthique planétaire, une conscience écologique et une ouverture spirituelle, toutes les trois en profonde interconnexion. Or, sans être pour autant une panacée, l'héritage traditionnel amérindien évoqué tout au long de ces pages s'appuie précisément sur ces trois piliers et peut donc contribuer, avec d'autres, à l'édification d'une telle sagesse. Issu de la nuit des temps, il serait paradoxalement une bonne médecine pour notre temps et apporterait quelques réponses à nos problèmes actuels.

Qu'il suffise de rappeler, parmi d'autres, quelques éléments importants de cet héritage traditionnel dont nous avons parlé plus haut. Il se fonde, à l'encontre d'une vision purement matérialiste, sur la conscience qu'une dimension invisible traverse et anime le monde visible et qu'une énergie spirituelle est à l'œuvre au fondement même de l'univers. Il insiste, par des pratiques et des rituels telles la quête de vision et la hutte à sudation, sur la nécessité pour chacun de se recentrer sur le sens de sa vie au sein de sa communauté et sur sa raison d'être en ce monde. Il parle aussi d'unité dans la diversité, d'interdépendance entre les hommes et la vie sous toutes ses formes, du lien organique de l'homme avec la terre et de sa responsabilité d'intendant, de la raison d'être et de la parenté de tout ce qui existe, des leçons livrées par ce grand livre de sagesse qu'est la nature. N'y a-t-il pas là des éléments servant à nourrir une éthique, une écologie et une spiritualité pour aujourd'hui ?

La réconciliation des contraires

Nous venons d'évoquer la réponse que peut apporter la voie spirituelle amérindienne traditionnelle à quelques grands problèmes de la modernité et à son côté sombre. Mais la modernité occidentale, qui a maintenant plus de quatre siècles, n'a pas que des tares. Elle porte aussi un héritage lumineux d'une grande richesse, dont les origines remontent aux sources de la pensée grecque, du droit romain et de la tradition chrétienne. Sa grandeur, que résume bien le XVIIIᵉ siècle appelé le Siècle des lumières, réside dans les plus belles conquêtes et les plus grands progrès de la science et de la technique, dans les valeurs bien connues liées à la démocratie (liberté, égalité, fraternité), dans le rappel de la dignité de la personne et dans l'affirmation de la rationalité, de la tolérance et de la laïcité des institutions publiques.

L'héritage traditionnel amérindien, comme toute autre tradition spirituelle y compris le christianisme, n'a pas le choix d'ouvrir un franc dialogue avec cette part lumineuse de la modernité. Il ne peut se contenter d'un pur retour régressif aux temps anciens. Comme toute tradition vivante, il lui faut aussi discerner ce qui doit être aujourd'hui délaissé, puis ce qui doit être conservé et mérite d'être développé dans son mouvement de renaissance. Dans la perspective d'un accueil du meilleur de la modernité, il y a une nécessaire relecture et interrogation de l'héritage, afin justement de faire apparaître ce qui est en lui vraiment fondamental, originaire et durable. Il faut voir dans les croyances, connaissances, pratiques et cérémonies ce qui peut et doit rester vivant et ce qui peut et doit continuer de guider les Amérindiens et les Blancs eux-mêmes, engagés à l'heure présente, qu'ils le veuillent ou non, dans les sentiers de la modernité.

Dans cet esprit de purification et de renaissance, il s'avère essentiel, pour les Amérindiens comme pour les Blancs qui accueillent cet héritage spirituel, d'éviter tout folklorisme ou faux romantisme. Il est également important de veiller à ne pas pratiquer une lecture littérale (comme dans le fondamentalisme chrétien, juif ou musulman) des légendes et des récits mythiques : ici comme ailleurs, la tâche consiste à déchiffrer le message théologique ou spirituel essentiel. Et peut-être faut-il se dépouiller, du même souffle, de tout ce qui pourrait apparaître comme superstition ou pratique magique.

Mais, par-dessus tout, il y a à opérer une nécessaire conciliation d'éléments fondamentaux qui paraissent a priori contraires. Ainsi en est-il, par exemple, de la conception d'un temps cyclique (le cercle de la vie) et de celle d'un temps linéaire (la ligne en avant ou la flèche) ; de l'accent placé sur la tradition et de celui mis sur le progrès ; d'une vision en laquelle l'affirmation du sacré et du religieux est très forte et de celle en laquelle tout tend à devenir profane et sécularisé ; d'une mystique de la nature et d'une pensée rationnelle. Le défi d'établir en ces domaines une profonde harmonie et de favoriser la synergie s'avère de taille. Mais il vaut de tenter de le relever.

Car il y va effectivement ici de l'affirmation d'une spiritualité moderne qui ne nie point ses profondes racines. Un authentique mouvement de dépassement conserve toujours du passé ce qui garde un sens fondateur. « Tout vrai développement est un enveloppement » et « tout ce qui transcende inclut », rappelle sans cesse le philosophe Ken Wilber. Ainsi, par exemple, la raison moderne doit-elle inclure les mythes qui continuent de la nourrir, voire de la fonder.

À toutes ces conditions, l'héritage spirituel amérindien devient une spiritualité au présent qui ne nie aucunement ses sources profondes. Il peut soutenir chacun en particulier, Amérindien ou Blanc, dans la redécouverte de sa dimension oubliée et du potentiel occulté au cœur même de son être. Qui plus est, il contribue alors, avec l'indéniable richesse universelle qu'il porte en son identité singulière, au patrimoine spirituel de l'humanité, tout en aidant la modernité à retrouver une partie de son âme et la planète à reconquérir son équilibre.

Vers une spiritualité métisse

Qu'on en soit conscient ou pas, qu'on le veuille ou non, les traditions spirituelles se sont influencées par le passé. Le métissage génétique, pour sa part, existe depuis longtemps dans nos sociétés. Ainsi, en ce qui concerne l'imprégnation mutuelle entre Amérindiens et Blancs notamment, des millions de familles nord-américaines ont un sang métissé. Et que dire de la transhumance des idées, valeurs et modèles de comportements d'un milieu ou d'un peuple à un autre qu'on appelle aujourd'hui le métissage culturel ? C'est dans cette mouvance que la spiritualité amérindienne a subi, dans les siècles passés, une hybridation avec l'héritage chrétien. Mais le christianisme, de son côté, a bien peu profité d'enrichissements possibles venant de la voie spirituelle amérindienne, convaincu qu'il était d'être la seule vraie religion et de posséder la seule et unique représentation valable du Divin.

Toute tradition spirituelle, dans la mesure même où elle reste vivante, est et sera de plus en plus métissée. Aucune n'échappe à la logique désormais inévitable du métissage. Chacune est en devenir ; elle continue d'évoluer et de se transformer, de l'intérieur d'elle-même et à partir de ses fondements bien sûr, mais aussi au contact des autres et selon l'accueil qu'elle leur réserve. L'imprégnation mutuelle, la fécondation réciproque et les influences croisées se poursuivront désormais en matière de spiritualité, comme dans les domaines culturel et génétique. Il arrive même qu'on prenne conscience que certaines racines de son propre héritage spirituel rejoignent en profondeur quelques-unes des racines d'un autre héritage. De toute évidence, les guerres de religion, les exclusivismes et les fanatismes religieux sont des reliques du passé que l'être humain devra jeter aux ordures. Le temps est venu de l'émergence d'un échange fécond et d'un patient tissage de la paix religieuse.

À l'heure du dialogue et du métissage qui s'accentuera dans le concert des spiritualités, la partition amérindienne doit être jouée, se faire entendre et être écoutée. Le regard amérindien sur le Divin, la nature, la religiosité et la vie peut être davantage reconnu, contribuer alors d'autant à l'enrichissement du patrimoine spirituel mondial et, en retour, s'approfondir et s'enrichir lui-même de l'apport des autres voies spirituelles. La planète est notre maison commune. Les traditions spirituelles mondiales, «conspirant» entre elles selon l'expression de Teilhard de Chardin (*cum spirare* : respirer ensemble, partager le même souffle) et reformant elles-mêmes ce que les Amérindiens appellent le «Cercle sacré», non seulement aideront-elles ainsi à l'avènement d'une civilisation spirituelle, mais elles contribueront également pour leur part importante à l'établissement de la paix mondiale.

De toute façon, comme plusieurs traditions spirituelles l'affirment, le Divin est toujours au-delà de nos représentations, de nos discours et de nos pratiques religieuses. On disait au Moyen-âge : *Deus semper major*, c'est-à-dire Dieu est toujours plus grand que ce qu'on peut en percevoir et en dire. L'Infini ne révèle jamais qu'un aspect de lui-même à un instant et en un lieu donnés. Nulle religion ne détient toute la richesse du mystère divin : chacune l'approche et ne peut somme toute que l'habiter et en dire quelques mots. C'est peut-être la raison pour laquelle la voie spirituelle amérindienne traditionnelle demeure si modeste et si imprégnée d'une silencieuse révérence.

En terminant, rappelons que la conscience holistique, globale ou intégrale dont notre civilisation a tant besoin aujourd'hui devra à tout prix passer, non seulement par la convergence et l'enrichissement mutuel des traditions spirituelles, mais également par l'ouverture réciproque et l'authentique dialogue de la science, de la métaphysique et de la spiritualité. C'est dans cet esprit d'un profond dialogue entre tous les niveaux de notre conscience humaine que se sont déployées nos recherches sur la religiosité rationnelle et le Dieu cosmique des savants et des philosophes modernes, dans notre livre intitulé *Le Dieu cosmique, À la recherche du Dieu d'Einstein*. C'est aussi dans un esprit de reconnaissance mutuelle et d'échange fécond que nous avons mené notre quête d'une compréhension de l'héritage spirituel amérindien, axé sur une religion naturelle et un Dieu cosmique nommé : *le Grand Mystère*.

Anthologie

Le Grand Esprit et la Terre-Mère

*Propos de Bedagi
de la nation des Wabanakis
Vers 1900*

Le Grand Esprit est notre Père, mais la Terre est notre Mère. Elle nous nourrit ; ce que nous plantons dans le sol, elle nous le retourne, et c'est ainsi qu'elle nous donne les plantes qui guérissent. Quand nous sommes blessés, nous allons à notre Mère et nous efforçons d'étendre la blessure contre elle pour la guérir. Les animaux font de même, ils couchent leurs blessures sur la Terre. Quand nous chassons, ce n'est pas l'arc, ni la flèche qui tue l'élan. C'est la nature qui le tue. La flèche se plante dans son flanc et, comme tout être vivant, l'élan va à notre Mère la Terre pour être guéri. Il veut appliquer sa blessure contre la terre et fait ainsi pénétrer la flèche plus profondément. C'est alors que je le suis. Il n'est plus en vue, mais je colle mon oreille à un arbre dans la forêt et j'entends le son de chacun de ses bonds et je le suis. L'élan s'arrête encore à cause de la douleur de la flèche et frotte son flanc contre la Terre et fait pénétrer la flèche plus profondément. Je le suis toujours, écoutant de temps à autre, l'oreille contre un arbre. Chaque fois qu'il s'arrête pour se frotter, il fait pénétrer la flèche plus profondément. Il est presque épuisé quand je viens à lui : la flèche peut lui avoir transpercé complètement le corps...

Pieds nus sur la terre sacrée
(TEXTES RASSEMBLÉS PAR T.C. McLUHAN)

Le Cercle

Propos de Black Elk (Élan Noir)
de la grande famille des Sioux
1931

Vous avez remarqué que toute chose faite par un Indien est dans un Cercle. Il en est ainsi parce que le pouvoir de l'Univers agit selon des cercles et que toute chose tend à être ronde. Dans l'ancien temps, lorsque nous étions un peuple fort et heureux, tout notre pouvoir nous venait du Cercle sacré de la nation... L'arbre florissant était le centre vivant du cercle et le cercle des quatre quartiers le nourrissait. L'est donnait la paix et la lumière, le sud donnait la chaleur, l'ouest donnait la pluie et le nord, par ses vents froids et puissants, donnait force et endurance. Cette connaissance nous vint de l'outre-monde avec notre religion. Tout ce que fait le pouvoir de l'Univers se fait dans un cercle. Le Ciel est rond et j'ai entendu dire que la Terre est ronde comme une balle et que toutes les étoiles le sont aussi. Le Vent, au sommet de sa fureur, tourbillonne. Les oiseaux font leur nid en cercle parce qu'ils ont la même religion que nous. Le Soleil s'élève et redescend dans un cercle. La Lune fait de même et tous deux sont ronds.

Même les saisons forment un grand cercle dans leurs changements et reviennent toujours où elles étaient. La vie de l'homme est dans un cercle de l'enfance jusqu'à l'enfance et ainsi en est-il pour chaque chose où le pouvoir se meut. Nos tipis étaient ronds comme les nids des oiseaux et toujours disposés en cercle, le Cercle de la nation, le nid de nombreux nids où le Grand Esprit nous destinait à couver nos enfants.

Pieds nus sur la terre sacrée
(TEXTES RASSEMBLÉS PAR T.C. MCLUHAN)

Prière au Père suprême, le Grand Esprit

Black Elk (Élan Noir)
de la grande famille des Lakota,
au sommet de Pic Harney,
dans les Black Hills, 1931

Père suprême, Grand Esprit, une fois encore regardez-moi sur terre et penchez-vous pour entendre ma faible voix... Vous êtes plus vieux que toute prière. Tout vous appartient : les *deux-jambes* (hommes) et les *quatre-jambes* (quadrupèdes), les *ailes de l'air* (oiseaux) et toutes les *choses vertes* (plantes) qui vivent. Vous avez fait que les pouvoirs des quatre quartiers se croisent. La bonne route et la route des difficultés se croisent par votre volonté et sacré est l'endroit où elles se croisent. À tout instant et à jamais, vous êtes la vie des choses...

J'appelle aujourd'hui pour un peuple en désespérance...

Vous m'avez conduit au centre du monde et montré la bonté, la beauté et l'étrangeté de la Terre verdoyante, l'unique Mère – et aussi les formes spirituelles des choses telles qu'elles devraient être, vous me les avez montrées et je les ai vues. Au centre de ce cercle, vous m'avez dit que je devrais faire fleurir l'arbre.

Avec des larmes, ô Grand Esprit, mon Père suprême – avec des larmes je viens vous dire que l'arbre n'a jamais fleuri... Ici, au centre du monde où vous m'avez conduit quand j'étais jeune, où vous m'avez instruit, me voici devenu vieux, et l'arbre a dépéri. À nouveau et pour la dernière fois sur cette terre, je vous rappelle la grande vision que vous m'avez envoyée. Il se peut qu'une petite racine de l'arbre sacré vive encore. Nourrissez-la, que l'arbre fleurisse et s'emplisse du chant des oiseaux ! Écoutez-moi, non pour moi-même, mais pour mon peuple. Écoutez-moi afin qu'ils puissent retourner dans le cercle sacré et retrouver la bonne piste rouge, l'arbre qui protège... Ô, faites que mon peuple vive !

Pieds nus sur la terre sacrée
(PROPOS RASSEMBLÉS PAR T.C. McLuhan)

Prière mohawk
pour l'ouverture d'une cérémonie

L'école de la liberté
Akwesasne

Joignons maintenant nos esprits en un seul et...
Accueillons-nous et remercions-nous mutuellement d'être
 rassemblés ici en bonne santé et en paix
Saluons et remercions notre mère la Terre pour tous ses dons
 qui nous permettent de vivre
Envoyons vers les animaux des paroles de salutation et de
 remerciement
Saluons et remercions les arbres de la forêt pour les fruits que
 nous mangeons, pour l'ombre qu'ils procurent en été et
 pour l'abri de nos maisons
Saluons et remercions les plantes qui nous donnent la nourriture et nous guérissent.

Le Créateur a chargé...
Les oiseaux de chanter à l'aube de chaque jour
Les grands-pères Tonnerres de mettre de l'eau fraîche dans
 les rivières, les lacs et les sources pour désaltérer les êtres
 vivants
Nous sommes des jeunes pousses et notre frère le Soleil fait
 briller sa lumière afin que nous puissions voir et il irradie sa chaleur pour que toute vie puisse se développer
Notre Créateur confia à notre grand-mère la Lune la naissance
 de toute vie et la plaça à la tête de toute vie féminine
Notre Créateur créa la vie tout entière sans qu'il n'y manque
 rien et tout ce qui est demandé aux humains, c'est de ne
 gaspiller aucune vie et d'être reconnaissants chaque jour
 à l'égard de toute vie.

C'est pourquoi nous joignons maintenant tous nos esprits en
un seul et offrons nos actions de grâces à celui qui nous a
faits, notre Créateur.

Revue *Pleine Terre*, 1993

Guerriers de l'Arc-en-ciel

Extrait du Manifeste de William Willoya et Vinson Brown
1962

Comme les anciens Indiens, les guerriers de l'Arc-en-ciel enseigneront l'unité, l'amour et la compréhension mutuelle entre les peuples et les gens. Ils n'écouteront plus les doctrines qui prétendent détenir exclusivement la vérité, mais verront que Celui qui entend tout est trop grand pour des principes limités, trop juste pour n'accepter qu'un seul peuple choisi, trop libre pour être emprisonné par l'intellect. Ils écouteront plutôt ceux qui enseignent l'harmonie entre tous les êtres, puisque le vent souffle sans favoritisme dans tous les coins du monde.

Comme les Indiens purs d'autrefois, ils prieront l'Esprit avec l'amour qui coule à travers les mondes successifs, telle la brise qui chante son chant au Grand Silence parmi les aiguilles du pin... Alors que le Grand Esprit se réjouira et sourira heureusement, ils chanteront l'avènement glorieux de l'union des hommes...

Les guerriers de l'Arc-en-ciel travailleront à amener à tous les enfants la bénédiction magique de la Nature, le délice de courir pieds nus dans l'herbe sur les collines et la caresse fraîche du vent dans les cheveux. La civilisation spirituelle qui s'en vient créera la beauté par son souffle même, purifiant les eaux des rivières, aménageant des forêts, des parcs et des jardins, là où il y a maintenant désolation et pollution... En ce jour, tous les peuples seront capables de marcher dans la Nature en harmonie avec la Vie. La conservation de tout ce qui est beau et bon : tel est le cri qui vient du cœur de ce Nouvel Âge... Quelle entreprise glorieuse que d'améliorer le monde par la beauté !

Les guerriers de l'Arc-en-ciel travailleront à construire un nouveau monde avec joie et louanges envers le Grand Esprit. Aucun enfant ne sera sans amour et aucun vieillard sans aide et bonne compagnie dans ses années de déclin... C'est donc l'amour que les guerriers de l'Arc-en-ciel ajouteront à leur médecine pour guérir le monde de ses maux... Ils seront heureux d'apprendre qu'il y a maintenant des millions de gens partout sur la Terre prêts et déterminés à émerger et à se joindre à eux en conquérant toute barrière qui entrave la voie vers un monde meilleur, nouveau et glorieux.

NOUS AVONS MAINTENANT ASSEZ PARLÉ, QUE LES ACTIONS
SE MANIFESTENT ! Revue *Pleine Terre*, 1993

Prière ojibwa

Ô Grand Esprit dont j'entends la voix dans les vents et dont
le souffle donne vie à toutes choses, écoute-moi.

Je viens vers toi comme l'un de tes nombreux enfants ; je suis
faible... je suis petit... j'ai besoin de ta sagesse et de ta
force.

Laisse-moi marcher dans la beauté, et fais que mes yeux
aperçoivent toujours les rouges et les pourpres couchers
du soleil.

Fais que mes mains respectent les choses que tu as créées, et
rends mes oreilles fines pour qu'elles puissent entendre
ta voix.

Fais-moi sage, de sorte que je puisse comprendre ce que tu as
enseigné à mon peuple et les leçons que tu as cachées
dans chaque feuille et chaque rocher.

Je te demande force et sagesse, non pour être supérieur à mes
frères, mais afin d'être capable de combattre mon plus
grand ennemi, moi-même.

Fais que je sois toujours prêt à me présenter devant toi avec
des mains propres et un regard droit.

Ainsi, lorsque ma vie s'éteindra comme s'éteint un coucher
de soleil, mon esprit pourra venir à toi sans honte.

Paroles indiennes (TEXTES INDIENS D'AMÉRIQUE DU NORD
RECUEILLIS PAR MICHEL PIQUEMAL)

Dix pierres sacrées

Dhyani Ywahoo
Cherokee

Pour m'enseigner, mon arrière-grand-père Eli Ywahoo dessinait un triangle sur le sol et y déposait dix pierres. Il disait : « Le quartz est la volonté. Cela me rappelle le courant sacré... Ces pierres rouges, de corail pétrifié, sont là pour te rappeler la sagesse de l'amour... Le jaune de la topaze doit te rappeler qu'il faut que l'esprit soit bien accordé, afin que tu puisses susciter par la pensée ce qui est bon pour tous les peuples en ce moment et pour les générations futures. » Ce sont les pierres du triangle sacré, les trois flammes de l'esprit le plus pur.

Une fois le triangle formé, vous reconnaissez l'énergie sacrée du carré... La quatrième pierre, le jaspe jaune ou orange, vous rappelle que le sentiment d'être séparé de la source peut être vaincu... La cinquième pierre est verte : c'est une jadéite ou une émeraude : elle permet de créer, dans l'instant présent, un équilibre à partir du domaine de la forme idéale... La sixième pierre est le quartz rose, qui montre le cœur ouvert, le cœur qui donne et qui reçoit... La septième pierre, l'améthyste, c'est l'énergie de la transformation.

En regardant en nous, nous faisons appel à la sagesse perlée de la huitième pierre, la simple perle d'eau douce... L'opale est la neuvième pierre, celle de l'esprit universel... La dixième pierre, elle, est en train de se former en chacun de nous. Elle ressemble au lapis, mais elle est translucide. C'est notre volonté alignée sur celle du Créateur et sur la raison d'être de cette planète. Cette pierre de la connaissance se développera dans nos cœurs. Nous pourrons dire que la Terre est notre jardin planétaire, et que dans ce jardin nous développons l'esprit planétaire.

Il y a un message dans ces pierres, il y a un message dans nos cœurs. Dix pierres sacrées, dix miroirs du feu de la sagesse en nous.

DHYANI YWAHOO, *Sagesse amérindienne. Traditions et enseignements des Indiens Cherokee*

Nous sommes tous des compagnons de voyage sur cette Terre

Extraits du Discours d'Audrey Shenandoah
Mère de clan onondaga au Forum mondial sur l'environnement
tenu à Moscou, en 1990

Je voudrais d'abord exprimer ma gratitude pour une autre journée de vie ici-bas, sur cette Terre. Ce nouveau jour nous est accordé pour que nous puissions nous réjouir de la bonté et de la compassion de notre Créateur... Nos paroles de reconnaissance, de respect et de remerciement s'adressent à tous nos frères humains et aussi à notre Mère la Terre, qui est à l'origine de toute vie... Aux femmes de cette assemblée – les Mères des peuples – nous exprimons vivement notre gratitude et notre respect, car leur vocation particulière sur cette Terre est sacrée... Nous exprimons notre respect et notre gratitude à tout le cycle sacré de la Vie...

Ces salutations réaffirment le lien qui unit tous les humains entre eux, ainsi que notre parenté avec notre environnement et avec l'Univers tout entier... Les énergies humaines sont actuellement directement employées à la recherche des moyens de sauver la Terre-Mère... Un esprit humain sain respecte les dons de la vie, et c'est la Nature qui donne la vie... Les hommes font preuve d'une arrogance stupide en se croyant supérieurs au système qui produit la vie...

Il ne devrait plus y avoir d'hommes affamés ou sans abri dans le monde. Les dirigeants actuels ont pour tâche de remédier sans tarder à cette déplorable situation. Nous sommes tous des compagnons de voyage sur cette Terre... En tant que mère, je demande que nos fils ne soient pas élevés pour mourir à la guerre. La guerre est contraire à la raison, et ses causes sont toujours suspectes. Si nous sommes appelés à nous perpétuer sur cette planète, il nous faut éliminer la guerre, qui est nuisible à toutes les choses vivantes.

Je vous exhorte à repenser entièrement votre conception de la nature. La nature – la Terre – ne doit pas constituer une source de profit, mais représenter la vie... Il est urgent que la société occidentale se préoccupe en premier lieu de tout ce qui favorise la vie, et remette en question ses *a priori* matérialistes. La spiritualité doit devenir notre base commune...

Harvey Arden et Steve Wall, *Les gardiens de la sagesse.*
Rencontres avec des sages Indiens d'Amérique du Nord

Adresse à l'Assemblée générale des Nations–Unies

Extraits du discours de Leon Shenandoah
de la Confédération des Six-Nations,
le 25 octobre 1985

Frères, écoutez les paroles que le Créateur a révélées aux premières nations unies, les Haudenosaunees. Au sein de chaque nation vivent des hommes bons et justes. Ceux-là devraient être nommés chefs... Un chef ne doit jamais oublier le Créateur, jamais s'abstenir de lui demander son aide. Le Créateur guidera nos pensées et accroîtra notre force si nous restons fidèles à notre mission sacrée et nous consacrons à rétablir l'harmonie entre les peuples, entre toutes les créatures vivantes, ainsi qu'avec la Terre-Mère... Les Instructions que nous avons reçues nous demandent d'aimer notre semblable, et de montrer le plus grand respect à l'égard de tout ce qui vit sur cette planète... Dans notre conception du monde, la conscience spirituelle est la plus haute forme de la politique...

Chaque être humain a le devoir sacré de veiller sur la bonne santé de notre Terre-Mère, parce que c'est d'elle que provient toute vie. Afin d'accomplir cette tâche, nous devons reconnaître l'ennemi – celui qui se trouve à l'intérieur de chacun de nous. Nous devons commencer par nous-mêmes...

Nous devons vivre en harmonie avec le Monde naturel... Nous ne pouvons plus sacrifier le bien-être des générations à venir à la recherche du profit immédiat. Nous devons nous plier à la Loi naturelle, ou subir les conséquences de sa rigueur... Nous devons porter au pouvoir des chefs de paix. Nous devons rassembler toutes les religions du monde en une seule force spirituelle, assez puissante pour imposer la paix...

Nous sommes l'énergie spirituelle, qui est des milliers de fois plus forte que l'énergie nucléaire. Notre énergie est la volonté de tous les hommes, en accord avec l'Esprit du monde naturel, de ne former plus qu'un seul corps, qu'un seul cœur, qu'un seul esprit pour la paix. Nous proposons, comme résolution en faveur de la paix, que la journée du 24 octobre soit désormais appelée *Jour de la Paix*, et qu'un cessez-le-feu mondial soit observé chaque année à cette date au nom de nos enfants et de la septième génération à venir.

HARVEY ARDEN ET STEVE WALL, *Les gardiens de la sagesse.*
Rencontres avec des sages Indiens d'Amérique du Nord

La Terre, notre seule mère

*Propos de
Russel Means,
leader Lakota Oglala*

J'ai compris ceci : je vois que toute chose vivante vient d'une mère, et c'est notre mère la Terre… Mais si toutes choses vivantes viennent d'une seule mère, comme on me l'a dit, nous sommes tous parents. Nous sommes tous frères et sœurs. Et cela inclut toutes les choses vivantes, les végétaux, les peuples ailés de la terre, ceux à quatre pattes, ceux qui rampent et nagent, les montagnes, les fleuves, la pluie, les nuages.

Matthew King, qui le tenait lui-même de son grand-père, m'a dit que le Tabernacle des Indiens américains était l'Univers. Parce que toutes choses vivantes sont liées, nous devons nous respecter, comme nous respectons nos parents de sang.

Je vois l'homme blanc abattre un arbre sans une prière, sans un jeûne, sans respect d'aucune sorte. Et pourtant, l'arbre peut lui dire comment vivre, l'araignée aussi, ou le serpent, le raton laveur, l'ours, le saumon et l'aigle. Nous avons construit notre civilisation à partir de ce que nous avons appris des végétaux, de l'aigle, de toute vie, de tous nos parents. Ils nous ont instruits, et c'est ainsi que nous avons bâti notre civilisation.

Voix indiennes. Le message des Indiens d'Amérique au monde occidental (PRÉSENTÉ PAR J.-F. GRAUGNARD, B. CHAPUIS, MOEBIUS ET VARELA)

Peut-être sommes-nous frères

*Extraits du discours prononcé en 1854
par le Chef Seattle
devant l'Assemblée des tribus*

Le Grand Chef de Washington nous a fait part de son désir d'acheter notre terre… Mais peut-on acheter ou vendre le ciel, la chaleur de la terre ? Étrange idée pour nous. Si nous ne sommes pas propriétaires de la fraîcheur de l'air, ni du miroitement de l'eau, comment pouvez-vous nous l'acheter ? Le moindre recoin de cette terre est sacré pour mon peuple… Nos morts n'oublient jamais la beauté de cette terre, car elle est la mère de l'homme rouge ; nous faisons partie de cette terre comme elle fait partie de nous.

Les fleurs parfumées sont nos sœurs, le cerf, le cheval, le grand aigle sont nos frères ; les crêtes des montagnes, les sucs des prairies, le corps chaud du poney, et l'homme lui-même, tous appartiennent à la même famille… Cette terre, pour nous, est sacrée. L'eau étincelante des ruisseaux et des fleuves n'est pas de l'eau seulement : elle est le sang de nos ancêtres…

[Hommes blancs], apprenez à vos enfants ce que nous apprenons à nos enfants : que la Terre est notre Mère. Tout ce qui arrive à la Terre arrive aux fils de la Terre. Nous le savons : la Terre n'appartient pas à l'homme, c'est l'homme qui appartient à la Terre. Nous le savons : toutes choses sont liées comme le sang qui unit une même famille… L'homme n'a pas tissé la toile de la vie, il n'est qu'un fil du tissu. Tout ce qu'il fait à la toile, il le fait à lui-même.

Peut-être sommes-nous frères malgré tout ; nous verrons. Mais nous savons une chose que l'homme blanc découvrira peut-être un jour : notre Dieu est le même Dieu. Il est le Dieu des hommes, et sa compassion est la même pour l'homme rouge et pour l'homme blanc. La Terre est précieuse à ses yeux, et qui porte atteinte à la Terre couvre son Créateur de mépris… Si nous vous vendons notre terre, aimez-la comme nous l'avons aimée… Nous savons une chose : notre Dieu est le même Dieu. Il aime cette terre. L'homme blanc lui-même ne peut pas échapper à la destinée commune. Peut-être sommes-nous frères. Nous verrons.

Terre indienne, Un peuple écrasé, une culture retrouvée,
Revue *Autrement*, série Monde, n° 54

Prière pour créer un espace sacré

Extraits

Aux vents du sud…
    Grand Serpent,
    Enveloppe-moi de tes rayons de lumière.
    Montre-moi…
    La voie de la beauté.

Aux vents de l'ouest…
    Mère Jaguar,
    Protège mon espace de guérison…
    Montre-moi…
    La voie au-delà de la mort.

Aux vents du nord…
    Colibri,
    Grands-mères et Grands-pères,
    Je vous honore, vous qui êtes venus avant moi,
    Et vous qui viendrez après moi, enfants de mes enfants.

Aux vents de l'est…
    Aigle majestueux,
    Montre-moi la montagne dont je n'ose à peine rêver,
    Montre-moi comment voler aile contre aile
    Avec le Grand Esprit.

Terre-Mère…
    Je prie pour la guérison de tous tes enfants,
    Les minéraux, les végétaux,
    Les êtres à quatre pattes, à deux jambes, qui rampent,
    Les êtres ailés, à nageoires, à fourrure.

Père-Soleil…
    Grand Esprit, toi qui es connu sous des milliers de noms,
    Et qui es l'innommable,
    Merci de me laisser chanter
    Le chant de la vie encore aujourd'hui.

Alberto Villoldo, *Chaman des temps modernes,*
L'art de la guérison par la médecine des autochtones d'Amérique

La création des astres

Récit légendaire
huron wendat

À la suite de la création de la Grande Île sur le dos de la Grande Tortue [elle soutient la terre], les animaux, réunis en conseil, décidèrent qu'il fallait plus de lumière. Ils chargèrent alors Petite Tortue de trouver une solution à ce problème de ténèbres. Ingénieuse, la Petite Tortue saisit de grands éclairs et elle fabriqua un grand feu qu'elle fixa dans le ciel. Ainsi fut créé le Soleil.

Rapidement, le conseil se rendit compte que toutes les parties de la Grande Île n'étaient pas bien éclairées. Après intense réflexion, le conseil décida de donner un mouvement au Soleil. La Tortue des marais fut chargée de creuser un trou de part en part de la Grande Île de façon que le Soleil puisse faire une rotation complète autour de la Grande Île, donnant ainsi une alternance de lumière et de noirceur. Ainsi furent créés le jour et la nuit.

Dans le but d'éviter une noirceur totale, lors de la rotation du Soleil, la Petite Tortue fut mandatée de trouver un substitut au Soleil afin d'éclairer la nuit. Elle créa donc la Lune qui devint la douce compagne du Soleil. Le Soleil et la Lune eurent de nombreux enfants, les Étoiles, qui sont dotées de vie et d'esprit comme leurs parents. En souvenir de sa participation à la création des astres, la Petite Tortue fut nommée gardienne du ciel.

PATRICK RAJOTTE ET YVON R. THÉROUX,
La spiritualité amérindienne

Permets que je chemine dans la beauté

*Extraits de la prière
aux quatre directions*

Grand Esprit d'amour
  Viens à moi avec la puissance du Nord
  Donne-moi le courage d'affronter les vents froids
  De la vie lorsqu'ils s'abattent sur moi...

Esprit qui te lèves à l'Est
  Viens à moi avec la puissance du soleil levant
  Permets que la lumière soit dans mes paroles
  Permets que la lumière soit sur la voie que j'ai empruntée...

Grand Esprit de la création
  Envoie-moi la chaleur apaisante des vents du Sud
  Étreins-moi comme tes douces brises
  Étreignent les feuilles sur les arbres...

Grand Esprit qui donne la vie
  Je me tiens face à l'Ouest, dans la direction du soleil couchant
  Permets que je me rappelle chaque jour
  Qu'un moment viendra où mon soleil se couchera...

EKNATH EASWARAN, *Les grands textes spirituels du monde entier*
CITÉ DANS RODOLPHE GAGNON, *Lettres amérindiennes*

L'amour de la Nature

Extraits d'un discours de Luther Standing Bear
Chef Lakota (Sioux)
au début des années 1900

Le Lakota (Sioux) était empli de compassion et d'amour pour la Nature. Il aimait la terre et toutes les choses de la terre, et son attachement grandissait avec l'âge. Les vieillards étaient – littéralement – épris du sol et ne s'assoyaient ni ne se reposaient à même la terre sans le sentiment de s'approcher des forces maternelles. La terre était douce sous la peau et ils aimaient à ôter leurs mocassins et à marcher pieds nus sur la Terre sacrée... Le sol apaisait, fortifiait, lavait et guérissait...

C'est pourquoi les vieux Indiens se tenaient à même le sol plutôt que de rester séparés des forces de la vie. Les relations qu'ils entretenaient avec tous les êtres sur la terre, dans le ciel ou au fond des rivières, étaient un des traits de leur existence...

Le vieux Lakota était un sage. Il savait que le cœur de l'homme éloigné de la Nature devient dur ; il savait que l'oubli du respect dû à ce qui pousse et à ce qui vit amène également à ne plus respecter l'homme. Aussi maintenait-il les jeunes gens sous la douce influence de la Nature.

Pieds nus sur la Terre sacrée,
(TEXTES RASSEMBLÉS PAR T.C. McLUHAN)

Terre Mère souffre

*Propos de Jean Malaurie, ethnologue et géographe français,
ayant vécu auprès de la nation inuite*

Les Inuits (avec qui j'ai vécu) sentent avant de penser. Hommes *naturés*, ils privilégient l'instinct. Ils pressentent, prévoient, prédisent la vie, la mort, le monde en vertu de quelque communion aussi mystérieuse que simplissime… L'intimité avec les Inuits allait me transporter d'allégresse : enfin, j'étais de retour, comme on dit en Occident, *à la maison*, ma maison. En vérité, tout se passa, et continue de se passer, avec les Inuits – les Esquimaux polaires – comme si ce que j'avais cherché sans le savoir, avec tant d'obstination inconsciente, je l'avais trouvé. Mon étude des pierres et des processus géodynamiques se transforma en rite initiatique… En ces hommes, j'apprenais à rencontrer l'*Adam Kadmon* des kabbalistes, l'homme originel, l'homme total qui vit dans la communion primordiale avec la nature, le microcosme qui trouve son reflet et sa vie dans le macrocosme. Je devenais un Inuit, en quelque sorte, *nouveau-né*.

L'homme n'est pas venu sur Terre pour *domestiquer la Nature*, mais pour s'y intégrer en la respectant. Il y a un dieu caché dans le ciel, la rivière, la corolle des fleurs éphémères, les poissons des torrents et jusque dans l'œil de la baleine. Pour l'Inuit, le souffle du vent peut, dans ses ondes sonores, être interprété comme un message de l'au-delà, du pays des morts.

Les Peuples Racines sont en réserve. Ils ne sont pas en arrière de l'Histoire. Non, ils sont en réserve pour être nos éclaireurs et nous protéger de nos folies en rappelant les lois éternelles… L'heure est venue de nous interroger sur l'avenir que nous réservons à Terre Mère, nourrice non seulement biologique de notre vie, mais encore, spirituelle, de notre civilisation, de nos imaginaires, de nos rêves, de nos cultures et, en fait, de notre *humaine* condition.

JEAN MALAURIE, *Terre Mère*

Marcher sa vie

*Extraits du
prologue et du conte amérindien
sur la création du monde*

Mon grand-père, Wawaté, porteur de traditions, grand chasseur et grand conteur, était considéré par tous comme un homme sage, un chaman, qui savait communiquer avec les esprits de nos ancêtres. J'ai vécu de nombreuses années à ses côtés, j'ai chaussé ses mocassins et marché dans ses pas. Il me disait, avant d'aller vivre dans le paradis des chasseurs nomades :

– Tu marches dans une forêt touffue. Ton sentier serpente entre nos frères les arbres. Tes mocassins foulent la Terre-Mère. Tu respires le vent sacré du Grand Créateur. Quand tu te trouveras devant une montagne, ne t'arrête pas à son pied. C'est dans le portage qui mène au sommet qu'un homme se découvre. Tu ne dois t'arrêter que là-haut, là où plus rien n'obstrue ta vue et ta pensée, et remercier le Grand Créateur de toutes choses pour toutes les beautés qu'il nous donne. C'est ainsi que tu apprendras à marcher ta vie...

Wawaté continue son récit...

– Tout se tient dans l'univers. Nous sommes tous unis les uns aux autres. Il ne saurait y avoir de racines sans terre, de terre sans arbres, d'arbres sans feuilles, de feuilles sans oiseaux. Et le vent aussi est important. C'est lui qui donne la vie. Sans vent, il n'y aurait ni chant, ni musique, ni même de parole.

MICHEL NOËL, *Le Kitchimanitou*

L'homme-médecine

Extrait

« L'homme-médecine peut guérir, prophétiser, parler aux herbes, commander aux pierres, conduire une danse du Soleil… Il possède la grande vision. Il tient à être seul, loin de la grande foule et des affaires de tous les jours. Il aime à méditer, appuyé à un tronc d'arbre ou un rocher ; sous lui, il sent la terre, sur lui, il sent le poids du vaste ciel en feu. Les yeux fermés, il distingue clairement les choses. Seule compte la vision du monde qui est celle du cœur.

L'homme-médecine goûte le silence, dont il s'enveloppe comme d'une couverture, un silence plus lourd que le fracas du tonnerre. Il parle aux plantes et elles lui répondent. Il écoute les voix de toutes les créatures animales à la surface de la terre. De tous les êtres vivants lui parvient une force qui le pénètre et qu'à son tour il transmet… Il jouit de la même liberté que l'arbre ou que l'oiseau… À mon avis, l'essence de la vie d'un homme-médecine réside dans l'humilité, la patience, un lien fort avec la Terre, une existence aussi simple que possible et un souci permanent d'apprendre.

L'homme-médecine représente un pouvoir spirituel, une force qui confère à une personne un caractère sacré. C'est le pouvoir d'accomplir quelque chose de surnaturel… Si ce pouvoir peut être transmis ou apporté par un rêve, on peut aussi l'acquérir par la souffrance… L'homme-médecine doit pouvoir communiquer avec les esprits et savoir parler la langue secrète du chaman. »

ARCHIE FIRE LAME DEER, *Le cercle sacré, Mémoires d'un homme-médecine sioux*

Ô Grand Esprit du cosmos

Prière d'Anna Lee Walters
descendante d'une tribu Pawnee
de l'Oklahoma

Ô Grand Esprit du cosmos, tu nous connais tels que nous sommes et tu t'adresses à nous à travers toute chose qui existe. Depuis l'aube des temps, les nations te suivent. Certains d'entre nous sont du peuple de l'eau, ils écoutent l'esprit de la mer, de la loutre et du saumon. D'autres sont du désert, ils écoutent ton esprit dans les nuages de pluie et dans les quatre montagnes sacrées. Notre peuple des plaines entend l'esprit du bison et celui des cieux. Notre peuple du Golfe entend l'esprit de l'oiseau rouge, du cyprès, de l'alligator et du monde souterrain. Nos nations du pays des Grands Lacs entendent l'esprit de l'élan, du hickory et des vastes forêts.

Nous entendons ta voix partout : sans entraves, elle va de par le monde ! Même lorsque nous dormons, l'esprit se glisse jusqu'à nous sous la forme de rêves. Et tandis que nous suivons notre esprit là où il nous mène, c'est toi que nous sommes destinés à rencontrer... Ô Grand Esprit du cosmos, c'est par nos prières, nos chants et nos cérémonies sacrées que nous te vénérons... Entends notre prière ! Avec elle nous brûlons nos offrandes d'herbe fraîche et de cèdre d'Amérique pour qu'elles se mêlent à la fumée et à l'odeur du tabac sacré qui emportent nos paroles vers le ciel... Ce sera là pour le moment, la fin de notre prière, même si nous savons que tous nos actes, aussi longtemps que nous vivons, sont une prière infinie à toi adressée. Regarde-nous donc avec tendresse et compassion. Nous sommes tes enfants cosmiques.

ANNA LEE WALTERS, *L'esprit des Indiens*

Migwech

Prière d'un homme-médecine algonquin,
qui rappelle que, dans sa tradition,
les prières ne sont ni écrites ni récitées par cœur,
mais laissent place aux paroles
qui viennent du cœur.

Merci-Migwech à notre grand-père le Soleil, à notre grand-mère la Lune et aux étoiles. Tous les matins, au lever du jour, nous saluons «Chumis», le grand-père Soleil qui brille sur nous une fois de plus; puis le soir, nous remercions «Kokum», la grand-mère, qui veille sur nous toute la nuit.

Merci-Migwech pour toute la médecine que la Terre-Maman nous donne: ses arbres, ses racines, ses écorces, ses feuillages, ses fleurs et ses plantes et tous les petits fruits que nous cueillons avec joie à chaque été.

Merci-Migwech pour nos frères et sœurs les animaux: le gros gibier, les petits animaux à fourrure, les poissons, les oiseaux et les insectes.

Merci-Migwech au tonnerre, aux éclairs, à la pluie qui nettoie et désaltère la Terre-Maman, à l'air que nous respirons, au Feu sacré et à l'Eau sacrée qui nous nourrissent et nous purifient.

Merci-Migwech, mon Créateur, que je salue dans les quatre directions du Grand Cercle de Guérison: à l'Est, pour la Vie; au Sud, pour le Respect; à l'Ouest, pour l'Acceptation; au Nord, pour la Paix.

DOMINIQUE RANKIN, HOMME-MÉDECINE ALGONQUIN,
CENTRE ETHNOCULTUREL KANATHA-AKI

Remerciements

Je remercie ma compagne, Camille, qui m'a accompagné tout au long de cette recherche sur la voie spirituelle amérindienne; ce livre peut être vu comme un hommage à ceux de ses Ancêtres paternels qui sont d'origine amérindienne. Je remercie également l'homme-médecine Dominique Rankin et sa compagne Marie-Josée Tardif pour leur accueil en territoire spirituel amérindien. Les enseignements spirituels de Dominique et les cérémonies traditionnelles qu'il m'a fait vivre pendant trois jours ont été précieux et demeurent gravés en mon âme. J'ai voulu «que mon cœur accompagne toujours mon intelligence» dans mon approche de la voie spirituelle amérindienne, comme cet attachant guide spirituel me l'a d'ailleurs justement conseillé. Comment ne pas remercier aussi Francine Tremblay, dite «la fée des trois lacs», qui a travaillé de nombreuses années auprès des communautés inuites, qui a enrichi ma documentation et avec qui nous avons vécu cette intense retraite spirituelle amérindienne. Et puis, je veux dire un merci chaleureux aux compagnons et compagnes de cette profonde rencontre, en laquelle des échanges et des partages d'une rare authenticité ont eu lieu; et également à Jean-Guy Petitpas, pour nos randonnées en forêt, jusqu'au tipi imprégné de «l'esprit» de l'Ancêtre vénérable, Grand-mère SEGAWE.

J'ajoute un merci bien spécial à Nicole Dumais et à Jacques Languirand, avec qui il a été si agréable de collaborer ; à Stéphanie Adam, qui a coopéré à notre démarche du début jusqu'à la fin ; à Linda Nantel et à toute l'équipe des Éditions du Jour, dont l'accueil et la serviabilité ne se démentent jamais.

JEAN PROULX

* * *

Je remercie ma compagne, Nicole, que les auditeurs de *Par 4 chemins* connaissent sous le nom de Madame Dumais, à qui je dois ma renaissance en fin de vie. De même que notre tripative collaboratrice, Stéphanie Adam, pour tous les rôles qu'elle remplit généreusement auprès de nous.

Je veux profiter aussi de l'occasion pour rendre un respectueux hommage à mon père Clément qui se définissait comme un « maître d'école ». C'est à lui que je dois de m'être intéressé aux Amérindiens qu'il avait en haute estime.

Sur la photo ci-dessous, prise par mon père, vous me voyez à l'âge 10 ans à Caughnawaga (maintenant Kahnawáke) en compagnie des Amérindiens en costume d'apparat.

JACQUES LANGUIRAND

Index

Bibliographie

AIGLE BLEU (Luc Bourgault). *Le sentier de la beauté*, Saint Ambroise de Kildare, Productions Orphée Inc., 2000.

ARDEN, Harvey et Steve WALL. *Les gardiens de la sagesse*, Paris, Éditions du Rocher, 1994.

ARDEN, Harvey, *Noble Red Man Mathew King, Un sage Lakota*, Paris, Éditions du Rocher, coll. Nuage rouge, 1996.

BOGLIOLO BRUNA, Giulia. *Apparences trompeuses*, Montigny le Bretonneux, Yvelinédition, coll. Latitude humaine, 2007. .

BOURGAULT, Luc. *L'héritage sacré des peuples amérindiens*, Montréal, Éditions de Mortagne, 1985.

CHEF DAN GEORGE et Helmut HIRNSCHALL. *Les plaines du ciel*, Boucherville, Les Éditions de Mortagne, 1996.

COSTA, Jean-Patrick. *L'Homme-Nature ou L'alliance avec l'univers, Entre indianité et modernité*, Paris, Éditions Sang de la terre, 2000.

COSTA, Jean-Patrick. *Les chamans, hier et aujourd'hui*, Paris, Flammarion, coll. Dominos, n°. 230, 2001.

CURTIS, Edward S. *L'Amérique indienne*, Paris, Albin Michel, coll. Terre indienne, 1992.

CURTIS, Edward S. *Les Indiens d'Amérique du Nord*, Paris, Taschen, 2005.

DELSAHUT, Fabrice. *Indiens, Les premiers Américains*, Boulogne, 2005.

De MALLIE, Raymond. J. *Le sixième Grand-père. Black Elk et la grande vision*, Paris, Éditions du Rocher, coll. Nuage rouge, 2000.

DICKASON, Olive Patricia. *Les premières nations du Canada*, Sillery, Éditions du Septentrion, 1996.

EASWARAN, Eknath. *Les grands textes spirituels du monde entier*, Montréal, Fides, 1997.

ÉLIADE, Mircea. *Le sacré et le profane*, Paris, Gallimard, coll. Idées, n° 76, 1965.

ÉLIADE, Mircea. *Dictionnaire des religions*, Paris, Plon, 1990.

ÉLIADE, Mircea. *Aspects du mythe*, Paris, Gallimard, coll. Idées, n° 32, 1963.

ÉLIADE, Mircea. *Mythes, rêves et mystères*, Paris, Gallimard, coll. Idées, n° 271, 1957.

FARB, Peter. *Les Indiens, essai sur l'évolution des sociétés humaines*, Paris, Seuil, 1972.

FARCET, Gilles. *Henry Thoreau, l'éveillé du Nouveau Monde*, Paris, Sang de la terre, 1986.

FONTAINE, Jean-Louis. *Croyances et rituels chez les Innus*, Québec, Les éditions GID, 2006.

GAGNON, Rodolphe. *Lettres amérindiennes*, Saint-Zénon, Louise Courteau éditrice, 2008.

GROS-LOUIS, Gilles. *Valeurs et croyances amérindiennes*, Québec, Les Éditions la Griffe de l'Aigle, 1999.

GUILLEBAUD, Jean-Claude. *Le commencement d'un monde*, Paris, Seuil, 2008.

HUSAIN, Shahkrukh. *La grande déesse-mère*, Paris, Albin Michel, 1998.

JACQUIN, Philippe. *La terre des Peaux-Rouges*, Paris, Gallimard, 2000.

JANSSEN, Thierry. *La maladie a-t-elle un sens ? Enquête au-delà des croyances*, Paris, Fayard, 2008.

KRICKEBERG, W. et H. TRIMBORN, W. MÜLLER, O. ZERRIES. *Les religions amérindiennes*, Paris, Payot, 1962.

LAFARGE, Olivier. *Les Indiens d'Amérique*, Paris, Éditions des deux coqs d'or, 1960.

LAME DEER, Archie Fire. *Le cercle sacré, mémoires d'un homme-médecine Sioux*, Paris, Albin Michel, coll. Espaces libres, n° 100, 2000.

LOVELOCK, J.E. *La terre est un être vivant*, Paris, Éditions du Rocher, 1986.

MALAURIE, Jean. *Terre Mère*, Paris, CNRS Éditions, 2008.

MEADOWS, Kenneth. *La voie médecine, La voie chamanique de la maîtrise de soi*, Laval, Guy Trépanier Éditeur, 2000.

NARBY, Jeremy. *Intelligence dans la nature. En quête du savoir*, Paris, Éditions Buchet Chastel, 2005.

NIEHARDT, John. *Élan noir parle. La vie d'un saint homme des Sioux oglalas*, Aix-en-Provence, Éditions le Mail, 1993.

NOËL, Michel. *Le Kitchimanitou*, Montréal, Hurtubise HMH, 2003.

PAGE, Jake. *Entre les mains du Grand Esprit, Vingt mille ans d'histoire des Indiens d'Amérique du Nord*, Paris, Éditions du Rocher, coll. Nuage rouge, 2007.

PEELMAN, Achiel. *Le Christ est amérindien*, Montréal, Novalis, 1992.

PELT, J.-M. *Nature et spiritualité*, Paris, Fayard, 2008.

RAJOTTE, Patrick et Yvon R. THÉROUX. *La spiritualité amérindienne*, Montréal, Les éditions La Pensée Inc., 2004.

RUTLEDGE, Don et Rita ROBINSON. *Le chant de la terre, la spiritualité des Amérindiens*, Saint-Jean-de-Braye, Éditions Dangles, 1998.

SAGARD, Gabriel. *Le grand voyage du pays des Hurons*, Montréal, Bibliothèque québécoise, 1990.

SAUL, John. *Mon pays métis, Quelques vérités sur le Canada*, Montréal, Boréal, 2008.

SAVARD, Rémi. *Destins d'Amérique. Les autochtones et nous*, Montréal, Éd. de l'Hexagone, 1979.

SHELDRAKE, Rupert. *L'Âme de la nature*, Paris, Albin Michel, coll. Espaces libres, no 110, 2001.

SIOUI, Georges E. *Pour une autohistoire amérindienne*, Québec, Les presses de l'Université Laval, 1989.

SIMARD, Cyril. *Des métiers. De la tradition à la création*, Québec, Les Éditions GID, 2003.

THEVENIN, R. et P. COZE. *Mœurs et histoire des Indiens d'Amérique du Nord*, Paris, Éditions Payot, coll. Petite Bibliothèque Payot, no 94, 2004.

THOREAU, Henry David. *Walden ou la vie dans les bois*, Paris, Gallimard, 2006.

WALTERS, Anna Lee. *L'esprit des Indiens*, Paris, Casterman, 1990.

WEATHERFORD, Jack. *Ce que nous devons aux Indiens d'Amérique et comment ils ont transformé le monde*, Paris, Albin Michel, 1993.

WILSON, James. *La terre pleurera, une histoire de l'Amérique indienne*, Paris, Albin Michel, coll. Terre indienne, 2002.

YWAHOO, Dhyani. *Sagesse amérindienne, traditions et enseignements des Indiens Cherokee*, Montréal, Le Jour éditeur, 1994.

Grands textes de l'humanité, Choix de textes et présentation par Sylvie Bessette, Montréal, Fides, 2008.

Le livre des sagesses. L'aventure spirituelle de l'humanité, sous la direction de LENOIR, Frédéric et Ysé TARDAN-MASQUELIER, Paris, 2002.

L'œil amérindien, regards sur l'animal, sous la direction d'Hélène Dionne, Québec, Musée de la civilisation, 1991.

Paroles indiennes, textes recueillis par PIQUEMAL Michel, Paris, Albin Michel, coll. Carnets de sagesse, 1993.

Pieds nus sur la terre sacrée, textes rassemblés par McLUHAN, T.C., Paris, Éditions Denoël, 1984.

Sagesse des Indiens d'Amérique, Paris, La Table ronde, 1995.

Totems et chamanes, Paris, Galerie Flak, 2008.

Voix indiennes. Le message des Indiens d'Amérique au monde occidental, présenté par J.-F. Graugnard, B. Chapuis, Moebius, Varela, Paris, Les formes du secret, 1979.

Revues consultées

Autrement, «*Terre indienne, un peuple écrasé, une culture retrouvée*», Série Monde, n° 54, mai 1991.

Pleine Terre, «*Visions autochtones*», vol. 2, n° 1, 1993.

Recherches amérindiennes au Québec, *Le sacré*, vol. VIII, n° 2, 1978.

Vivre, «*Enseigner la vie. La transmission chez les Amérindiens*», contribution de Dominique Rankin au dossier «Mes ancêtres, ce pays d'où je viens», vol 8, n° 2.

Nouvelles Clés, *Les Hippies avaient-ils tout compris ?*, (par Bobby Lowenstein), Printemps 2008.

Des mêmes auteurs

Jacques Languirand

Essais

Le Dieu cosmique. À la recherche du Dieu d'Einstein (en collaboration avec Jean Proulx), Montréal, Éditions du Jour, 2008.

Les Voyages de Languirand ou le Journal de Prospéro, Éditions Alain Stanké, 1998.

Par 4 chemins nº 3 (adaptation des textes tirés de la série radio-phonique), Éditions de Mortagne, 1991.

Par 4 chemins nº 2 (adaptation des textes tirés de la série radio-phonique), Éditions de Mortagne, 1990.

Par 4 chemins nº 1 (adaptation des textes tirés de la série radio-phonique), Éditions de Mortagne, 1989.

A comme aubergine : 108 recettes sans viande (en collaboration avec Yolande Languirand), Éditions de Mortagne, 1989.

Vaincre le mal-être (édition française de *Prévenir le burn-out*), Albin Michel, 1989.

Prévenir le burn-out (coffret livre et cassette), Éditions Héritage, 1987.

Réincarnation et karma (en collaboration avec Placide Gaboury), Productions Minos, 1984.

De McLuhan à Pythagore, R. Ferron éditeur (1972) et Éditions de Mortagne et Productions Minos, 1982.

Vivre ici maintenant (adaptation des textes tirés de la série télévisée), Productions Minos et Société Radio-Canada, 1981.

La voie initiatique : le sens caché de la vie, René Ferron éditeur (1978)
    et Productions Minos, 1981.
Mater Materia, Productions Minos, 1980.
Vivre sa vie (adaptation des textes tirés de la série télévisée), Éditions
    de Mortagne et Productions Minos, 1979.
Dictionnaire insolite, Éditions du jour, 1962.
J'ai découvert Tahiti et les îles du bonheur, Éditions de l'Homme, 1961.

Pièces de théâtre
Presque tout Languirand - Théâtre, Éditions Alain Stanké, 2001.
Faust et les radicaux libres, 1999.
Man inc., 1966-1970.
Klondyke, 1963.
Les Cloisons, 1962.
Les Violons de l'automne, 1960.
L'École du rire, 1958.
Diogène, 1958.
Le Gibet, 1957.
Les Grands Départs, 1957.
Le Roi ivre, 1956.
Les Insolites, 1956.

Roman
Tout compte fait, Denoël, 1963, et Stanké, 1984.

Opéra
Louis Riel, collaboration au livret avec Mavor Moore, opéra d'Harry
    Sommers, 1966.

Jean Proulx

Le Dieu cosmique. À la recherche du Dieu d'Einstein (en collaboration
    avec Jacques Languirand), Montréal, Éditions du Jour, 2008.
La chorégraphie divine. Essai sur le cosmos, Québec, Éditions du Sep-
    tentrion, automne 2008.
Doigts de lumière, Québec, Éditions du Septentrion, 2007.
Dans l'éclaircie de l'Être. Essai sur la quête spirituelle, Québec, Édi-
    tions du Septentrion, 2004.
Artisans de la beauté du monde, Québec, Éditions du Septentrion, 2002.
La chorégraphie divine, Montréal, Fides, 1999 (épuisé).
Au matin des trois soleils. Récit poétique, Québec, Éditions du Sep-
    tentrion, 1992 (épuisé).

Table des matières

Troisième partie
L'éthique

Quatrième partie
L'espérance